Markus Stolpmann

Wie sichern wir unseren Erfolg?

Markus Stolpmann

Wie sichern wir unseren Erfolg?

Instrumente, Methoden und Maßnahmen zur Qualitätssicherung in Hotellerie und Gastronomie

REDLINE WIRTSCHAFT

Bibliografische Information der Deutschen Nationalbibliothek
Die Deutsche Nationalbibliothek verzeichnet diese Publikation in der Deutschen Nationalbibliografie. Detaillierte bibliografische Daten sind im Internet über http://dnb.d-nb.de abrufbar.

ISBN 978-3-636-01482-5

Ein Unternehmen von Süddeutscher Verlag | Mediengruppe
www.redline-wirtschaft.de

www.branchenwissenuptodate.info

Reihenkonzept & Redaktion: Karina Matejcek, Wien
Umschlagkonzept & -gestaltung: Thomas Jarzina, Köln
Umschlagabbildung: Thomas Jarzina, Köln
Druck: Holzhausen, Wien
Printed in Austria

Inhalt

So nutzen Sie dieses Buch

Zahlreiche Tipps und eingestreute praktische Übungen machen das vorliegende Buch zu einem Arbeits- statt zu einem reinen Lesebuch. Sie ziehen den größten Nutzen, wenn Sie die Anregungen anhand Ihrer ganz persönlichen Situation umsetzen.

Symbole in der Randspalte markieren wichtige praktische Elemente:

Diese Hinweise sichern Ihren Erfolg.

Beispiele und Anregungen

Learning by doing!

Tipp aus der Praxis

Einleitung

Der schleichende Verlust von Qualität und Innovation ist eine der größten Gefahren in vielen Dienstleistungsbranchen, vor allem aber in Hotellerie und Gastronomie, die darauf angewiesen sind, die Gäste immer aufs Neue zu überzeugen.

Gefährlich ist die Entwicklung vor allem, da der Gast häufig Mängel früher bemerkt als der Anbieter. Für ihn hat sich im Laufe der Zeit Routine eingestellt, die mit einem Tunnelblick einhergeht: Ähnlich der Erfahrung, dass man die Alterung eines nahestehenden Menschen erst dann wahrnimmt, wenn man einen konkreten Vergleich (zum Beispiel mit alten Fotos) hat, ist auch die Alterung des eigenen Unternehmens nur schwer wahrnehmbar. Dem Gast, der zum ersten Mal oder doch zumindest relativ selten in das Unternehmen kommt, fallen hingegen Gebrauchsspuren am Mobiliar ebenso ins Auge wie unaufmerksamer Service oder ein nicht mehr zeitgemäßes Angebot.

Dieser Band aus der Reihe »Branchenwissen UP TO DATE« erklärt, warum Qualitätssicherung im Gastgewerbe unabdingbar ist, und liefert ein umfangreiches Instrumentarium, um die Qualität aller Produktbestandteile zu analysieren und Schwachpunkte aufzudecken. Durch standardisierte Methoden, wie sie auch von großen Ketten und Franchise-Unternehmen eingesetzt werden, wird eine Vergleichbarkeit geschaffen. Dabei kommen sowohl quantitative als auch qualitative Verfahren zum Einsatz.

Im Mittelpunkt dieses Buches stehen verschiedene Fragestellungen, welche Anbieter dabei unterstützen, Mängel nicht nur frühzeitig aufzudecken, sondern bereits im Vorfeld aktiv dafür zu sorgen, dass potenzielle Fehlerquellen und Mängelursachen gar nicht erst zum Problem werden. Dazu gehören:

- **Was** messen/beobachten?
- **Wie** messen/beobachten?
- **Von wem** messen/beobachten lassen?
- **Wie** auswerten?
- **Wie** reagieren?
- **Welche** vorbeugenden Maßnahmen setzen?

Zudem werde ich Standard-Qualitätssicherungsinstrumente aus der Industrie vorstellen und für den Einsatz in Hotellerie und Gastronomie adaptieren.

Neben der Methodik werden auch zahlreiche Beispiele für graduelle Verschlechterungen bei Produkt und Service vorgestellt, die jeder schon so oder so ähnlich erlebt hat. Diese eingestreuten Beispiele sollen helfen, den Blick für die kleinen Unzulänglichkeiten im eigenen Haus zu schärfen und Optimierungspotenzial aufzudecken.

Wie sich dieses Buch in kürzester Zeit bezahlt macht

Qualität in Hotellerie und Gastronomie – eigentlich selbstverständlich, oder?

Tatsächlich werben viele Anbieter mit Qualität. Doch nicht immer wird das Versprechen eingehalten – Qualitätsmängel gehören zu den vier Hauptursachen für Unternehmenskonkurse in der Bundesrepublik Deutschland (neben Finanzierungsproblemen, Informationsdefiziten und fehlerhafter Planung). Das gilt nicht nur, aber in besonderem Maße auch für das Gastgewerbe.

Dabei kann man immer wieder feststellen, dass die Gäste eine ganz andere Wahrnehmung der erbrachten Leistung und der Qualität (beziehungsweise der Qualitätsmängel) haben als der Anbieter. Das gemeinsame Verständnis für die Bewertung der Leistung fehlt häufig.

Aufgabe

Was ist für Sie, für Ihr Unternehmen Qualität? Besteht zwischen Personal und Management Einigkeit darüber? Wie wird dieser Qualitätsgedanke in der Praxis forciert?

Am Rande einer Veranstaltung der IHK Heilbronn unter dem Motto »Sterne weisen den Weg« wurden Hoteliers und Gastronomen aus der Region befragt, was für sie Qualität in der Gastronomie bedeutet. Einige Antworten:

Qualität definiert sich für mich über das bestmögliche Produkt. Und das findet man in der Region. Dabei geht es nicht nur um Geschmack, sondern auch um Nachhaltigkeit und Gesundheit – eine Verantwortung gegenüber den Gästen. Wer von Piemont, Toskana oder Provence spricht, hat eine bestimmte Vorstellung vom Essen, Trinken und dem Geschmack der Region. Unser Ziel muss es sein, diese Faszination für unsere Region zu schaffen. Touristisch gesehen sind Klassifizierungen interessant, auch in puncto Innenmarketing. Ohne Auszeichnung ist es schwierig, qualifiziertes Personal zu finden. – Otto Geisel, Inhaber und Geschäftsführer, Hotel Victoria, Bad Mergentheim und Vorsitzender Slow Food Deutschland e.V.

Gastronomie, die Erlebnisse bietet, hat für mich Qualität. Wir setzen gemeinsam vereinbarte Ziele mit unseren Mitarbeitern in Qualität um. Es ist mir wichtig, dass sich nicht nur die Gäste, sondern auch meine Mitarbeiter wohlfühlen. Für Privathotels ist die Sterne-Klassifizierung als Instrument, die eigene Qualität zu kommunizieren, ideal. Als 5-Sterne-Superior-Hotel bieten wir Luxus. Und diese Position vertreten wir konsequent nach außen. – Lothar Eiermann, Direktor, Wald- und Schlosshotel Friedrichsruhe

Alles Essen selbst herzustellen und dabei auf Convenience-Produkte zu verzichten ist unsere Qualität. Unsere Zutaten stammen fast alle vom Bauern um die Ecke. Wir kaufen nur ganze Tiere. Das zeigt uns, in welchem Zustand das Tier ist. So sichern wir schon beim Einkauf die Qualität. Mit Klassifizierung ist es einfacher, Mitarbeiter zu motivieren. Unser Q-Siegel stellt eine Verpflichtung dar, die beim Gast ankommen muss. – Adelheid Andruschkewitsch, Inhaberin, Restaurant Rose, Vellberg-Eschenau

Ein schneller und freundlicher Service und frische Lebensmittel sind für mich Qualitätszeichen. Obwohl wir spanische Spezialitäten anbieten, kaufen wir unsere Rohstoffe vor Ort beim Biobauern. Der deutsche Gast ist sehr anspruchsvoll. Qualitätssiegel sind ein hilfreiches Instrument, um den deutschen Verbrauchern Preise näherzubringen. – Frank Liebsch, Inhaber, Restaurant Olivin, Neuenstein

[Quelle: w.news, Juli–August 2007, S. 12]

Diese Antworten liefern einige interessante Erkenntnisse, was »Qualität« für den einzelnen Anbieter bedeutet. Sie verdeutlichen aber auch ein Problem: Was der Einzelne unter »Qualität« versteht, ist in vielen Bereichen subjektiv! Natürlich gibt es bestimmte Mindeststandards, Hygienevorschriften und anderes mehr, die die Basis bilden. (Wie verschiedene Lebensmittelskandale in den letzten Jahren schmerzlich gezeigt haben, gibt es allerdings sogar hier schwarze Schafe, die es damit nicht so genau nehmen.) Doch was darüber hinausgeht, ist zunächst Sache des Anbieters.

Tatsächlich bucht der Gast ein Zimmer für eine Übernachtung – festgeschrieben sind dabei in der Regel weder die Größe noch die Ausstattung des Zimmers. Erst durch Klassifizierungssysteme wie die TIN (Touristische Informations-Norm) wird zumindest ein gewisser Grad von Vergleichbarkeit geschaffen, aber dieser bezieht sich auch nur auf bestimmte Ausstattungsmerkmale.

Wer hat recht, wenn der Gast sich also am nächsten Tag beschwert, es hätte zu wenige Handtücher gegeben, die Kopfkissen seien zu weich und zu klein, die Matratze alt und durchgelegen, einen Internetzugang für sein Notebook hätte er auch nicht aufbauen können und der Lärm von der Baustelle gegenüber sei unerträglich gewesen? Und kann der Gast wirklich verlangen, dass das Steak butterweich und die Banane auf dem Frühstücksbüfett ohne braune Stellen ist? Oder handelt es sich eher um einen notorischen Nörgler, immer auf der Suche nach Kritikpunkten, vielleicht mit dem Ziel, den Preis zu drücken oder eine »Wiedergutmachungsleistung« zu erschnorren?

Kritisch im Gastgewerbe ist die Qualität einer *Dienstleistung*. Natürlich sind die zugrunde liegenden Produkte wichtig, denn wo man nichts Gutes reinsteckt, kann auch nichts Gutes herauskommen. Aber Qualität und Qualitätssicherung im Gastgewerbe bedeuten mehr als nur eine einfache Warenkontrolle!

Für den Gast – egal ob im Hotel oder Restaurant – sind besonders relevant:

- Qualität
- Service
- Aufmerksamkeit

Es zählt der sich aus diesen Faktoren ergebende Gesamteindruck: Das perfekte Steak, das von einer unfreundlichen, unaufmerksamen »Service«kraft lieblos serviert wird, kann genauso wenig gewinnen wie der stets bemühte, zuvorkommende Hotelangestellte, der tröstende Worte für den Konferenzgast findet, dessen Weckruf versehentlich verschlampt wurde. In beiden Fällen wird der Gast *Qualitätsmängel* geltend machen und nicht im Detail differenzieren, was schiefgegangen ist und wer (keine) Schuld hat.

Aufgabe

Welche Problembereiche bestehen in Ihrem Unternehmen? Zählen Sie mindestens fünf auf, bei denen es in letzter Zeit entweder zu konkreten Beschwerden gekommen ist oder wo Nachbesserungen nötig waren. Wo liegt die Ursache für diese Probleme?

Wichtig ist daher ein leistungsfähiges Qualitätsmanagement im Gastgewerbe, das nicht erst dort anfängt, wo Fehler entstehen, sondern das bereits im Vorfeld bemüht ist, es gar nicht so weit kommen zu lassen. Mit einem praxisnahen Managementsystem sorgen Sie nicht nur für die Reduzierung von Fehlern und Mängeln im laufenden Betrieb, sondern stellen auch den zukünftigen, langfristigen Erfolg sicher. Beispielsweise, weil die internen Abläufe schneller und multiplizierbarer sowie die individuellen Leistungen transparenter werden.

In diesem Buch erfahren Sie nicht nur, wie Sie Problembereiche identifizieren, sondern auch, wie Sie gezielt dafür sorgen können, dass viele Probleme gar nicht erst auftauchen – oder bereits behoben werden können, bevor der Gast sie bemerken könnte. Sie lernen Methoden und Techniken kennen, die Bestandteile von Qualitätssicherungs- und Qualitätsmanagement-Systemen sind, wie sie in der Industrie eingesetzt werden. Dabei werden wir die Verfahren für den Einsatz in Gastronomie und Hotellerie anpassen und beispielhafte Anwendungsfelder vorstellen. Aus dieser Vielzahl an Instrumenten und Methoden können Sie jene auswählen, die für Ihre Situation besonders geeignet sind. Sie entwickeln so die Grundlage für Ihr eigenes QS/QM-System – oder ergänzen bestehende Elemente um weitere Verfahren.

In anderen Branchen ist es weithin üblich, sich ein vorhandenes stringentes und leistungsfähiges Qualitätsmanagement bescheinigen zu lassen: Eine ISO 9000/9001-Zertifizierung ist in bestimmten Bereichen sogar unabdingbar, um zum Beispiel im kommunalen Bereich, im Automobilsektor oder in der Luft- und Raumfahrt als Zulieferer akzeptiert zu werden. Mittlerweile springen auch Hotels und Restaurants auf den Zug auf und lassen sich ebenfalls zertifizieren, weil potenzielle Kunden einem zertifizierten Unternehmen mehr Vertrauen entgegenbringen.

So ist beispielsweise der Schindlerhof (schindlerhof.de) in Nürnberg, der von Renate und Klaus Kobjoll sowie ihrer Tochter Nicole Kobjoll geleitet wird, ein Paradebeispiel für ein qualitätsorientiertes Hotel mit angeschlossenem Restaurant und Tagungsbereich. Der Schindlerhof wurde bereits 1995 als erstes Hotel in Deutschland nach ISO 9001 zertifiziert. Neben zahlreichen Auszeichnungen erhielt man 2003 den Special Prize des European Quality Award (EQA) für »Outstanding Customer Focus« (herausragende Kundenorientierung), 2004 erfolgte die EFQM-Auszeichnung mit dem Special Prize des European Quality Award (EQA) für »Outstanding People Development and Involvement« (herausragende Mitarbeiterorientierung).

Auch andere Hotels wie das Mindness Hotel Bischofschloss (bischofschloss.de) in Markdorf oder die King's Hotels (kingshotels.de) in München sind nach ISO 9001 zertifiziert und erheben Qualität und Gästezufriedenheit zum obersten Unternehmensziel. Daneben sind praktisch alle großen Ketten und Franchise-Systeme in Gastronomie und Hotellerie zertifiziert oder arbeiten mit Selbstbewertungen nach EFQM.

Doch eine Zertifizierung ist höchstens das Tüpfelchen auf dem i. Dies ist daher kein Zertifizierungsratgeber, sondern ein praktischer Leitfaden, um potenzielle Problembereiche rasch und zuverlässig zu entdecken und Methoden zu etablieren, die Ihnen dabei helfen, Fehler erst gar nicht entstehen zu lassen.

Mein Ziel ist es daher nicht, Ihnen zu suggerieren, Sie würden ein umfassendes QS/QM-System und eine entsprechende Zertifizierung benötigen. Vielmehr möchte ich Sie in die Lage versetzen, gezielter mit den Themen »Qualität« und »Qualitätssicherung« umzugehen und nicht erst dann (re-)agieren zu müssen, wenn Gäste sich beschweren. Nehmen Sie das Thema ernst und entwickeln Sie ein System, um Fehler gar nicht erst zum Problem des Gastes werden zu lassen.

Überlegen Sie selbst: Dieser Branchenwissen-Titel macht sich bereits bezahlt,

- wenn ein Gast Ihr Haus weiterempfiehlt, weil er von Qualität und Service überzeugt war;
- wenn besagter Gast Ihr Haus ein weiteres Mal besucht;
- wenn eine Reklamation ausbleibt, deren Bearbeitung und Wiedergutmachung den Buchpreis um ein Vielfaches übersteigen würde;
- wenn der Grundstein gelegt wird, durch verbesserte Qualität eine Auszeichnung, ein Gütesiegel oder eine lobende Erwähnung zu erhalten;

- wenn fünf Stunden doppelter Arbeit für die Nachbesserung von »Schlampereien« eingespart werden (Nicht fünf Stunden am Tag, in der Woche oder im Monat, sondern fünf Stunden insgesamt – überlegen Sie mal, was es Ihnen bringen kann, wenn das QM-System dazu führt, ganze Prozesse effektiver und effizienter zu gestalten.);
- wenn Sie weniger zugekaufte Waren vernichten lassen müssen, weil diese überlagert, veraltet oder ungenießbar geworden sind;
- wenn Sie eine Stunde Ihrer kostbaren Arbeitszeit weniger mit sich wiederholenden Gästebeschwerden verbringen müssen;
- wenn eine negative Rezension über Ihr Haus auf einem Online-Portal vermieden werden kann (noch besser, wenn daraus sogar eine positive Bewertung wird);
- wenn die Mitarbeiter nicht ständig Augen und Ohren offenhalten müssen, um mögliche anonyme Tester zu erkennen und ihnen eine Sonderbehandlung zukommen zu lassen – weil Sie sich einfach sicher sein können, dass grundsätzlich alles unternommen wird, um einen hohen Qualitätsstandard sicherzustellen;
- wenn Sie ein graues Haar weniger bekommen, weil Sie sich über Qualitätsmängel nicht (bzw. nicht mehr) aufregen müssen.

Teil 1: Warum Qualitätssicherung und Qualitätsmanagement immer wichtiger werden

Was ist Qualität?

Qualität – das ist ein sehr dehnbarer Begriff. Und vielfach definiert er sich vor allem über sein Ausbleiben, nämlich den Mangel an Qualität. Fragen Sie einen beliebigen Gast, was für ihn Qualität in Bezug auf Ihr Haus ist: Sie werden bei den Antworten wenig Messbares finden, viel Subjektives und – wenn Sie nicht gerade eine besondere Spezialisierung haben – auch eine große Bandbreite von Themen und Kriterien, von denen Sie manches auch verwundern mag. Insgesamt werden sich die Gäste aber unsicher sein, was »Qualität« für sie denn nun wirklich ausmacht.

Fehlende Qualität fällt eher auf als vorhandene

Fragen Sie sie aber nach schlechten Erfahrungen, danach, wo aus Sicht des Gastes die Qualität beim letzten Mal nicht stimmte, so wird fast jeder Befragte eine Geschichte zum Besten geben können. Oder zwei ... oder drei ... oder gleich ganz viele. Der Grund liegt darin, dass der Mangel an Qualität wesentlich dramatischer wahrgenommen wird als das Vorhandensein derselben: Dieser Mangel ist gekennzeichnet durch das Auseinanderdriften von Erwartung und Realität. Zwar kann ich nicht exakt beschreiben, was ich erwarte, wenn ich das Filet Wellington an frischen Marktgemüsen bestelle – ich merke aber sofort, wenn das, was ich dann bekomme und wie ich es bekomme, nicht meinen Erwartungen entspricht.

Aufgabe

Fragen Sie! Tatsächlich, ganz konkret. Befragen Sie drei ausgewählte Gäste, drei Mitarbeiter, drei Zulieferer – und sich selbst: Worin besteht der Qualitätsvorsprung Ihres Hauses? Und wo haben die Befragten zuletzt negative Erfahrungen bezüglich der Qualität sammeln müssen? Warum?

Es ist kein Zufall, dass ich Sie aufgefordert habe, Gäste, Mitarbeiter, Zulieferer und sich selbst zu befragen. Damit wird nämlich deutlich, dass Qualitätsmanagement eine ganzheitliche Aufgabe ist und nicht nur auf die Schnittstelle zum Gast begrenzt werden darf. Ich werde später noch im Detail darauf eingehen, warum nur eine ganzheitliche Betrachtung dazu führen kann, Qualitätsvorteile zu entwickeln und gezielt auszubauen.

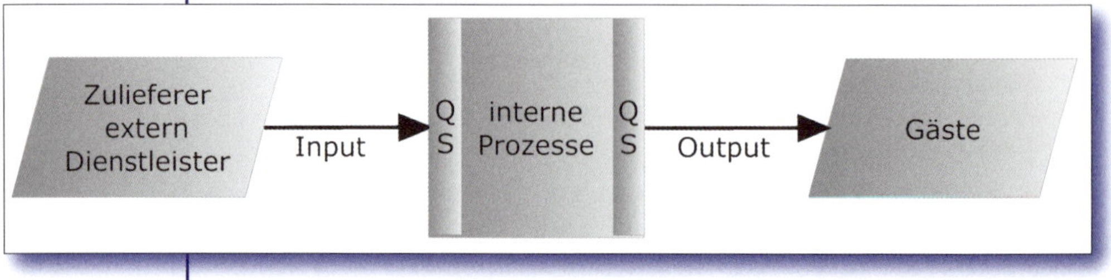

Abb.: Qualitätssicherung als ganzheitliche Aufgabe: Qualitätssicherungsmethoden sorgen dafür, dass den Gast nur mängelfreie Serviceleistungen erreichen.

Dabei genießt die Kombination aus Qualität und Dienstleistung in Deutschland keinen besonders guten Ruf. Die Medien berichten gerne über Servicemängel im Dienstleistungsbereich. Vielfach fehlt es an Freundlichkeit, Motivation und Qualifikation des Personals, immer wieder fühlt sich der Kunde beziehungsweise Gast nicht als der sprichwörtliche König, sondern vielmehr als ein ungeliebter Störenfried.

Ohne Motivation keine Qualität

Doch die Schuld dafür ausschließlich bei den Mitarbeitern zu suchen, würde zu kurz greifen: Oft liegt der wahre Grund in Management und Organisation. Viele Dienstleistungsberufe sind schlecht bezahlt, es gibt keine Anreizsysteme, die eine zuvorkommende Behandlung des Gastes oder Kunden belohnen, es wird nichts unternommen, um das Personal langfristig zu motivieren und zu qualifizieren, und die Zielvorgaben beziehen sich vor allem auf Umsatz und Output, nicht darauf, wie das Gegenüber behandelt werden soll.

Leistung und Qualität: oft ein Widerspruch

Viele Prozesse und Strukturen sind nicht darauf ausgerichtet, Qualität zu erbringen, sondern Leistung und Performance. Spätestens dann, wenn eine unerwartete Situation auftritt oder Sonderwünsche aufkommen, gerät nicht nur der Apparat ins Stocken, sondern lässt auch die Qualität zu wünschen übrig.

Aufgabe

Check it! Wie sieht das in Ihrem Haus aus: Sind Prozesse und Strukturen eher darauf ausgerichtet, einen schnellen Gästedurchlauf zu gewährleisten oder eine hohe Qualität zu liefern? Welche Maßnahmen wurden umgesetzt, um dies zu unterstützen?

Qualität oder Leistung – diese beiden Faktoren scheinen sich gegenseitig zu beeinflussen: Mehr Qualität bedeutet mehr Aufwand und damit eine geringere Effizienz. Höherer Output bedeutet mehr Standardisierung und eine höhere Fehleranzahl – die Kundenzufriedenheit und damit die wahrgenommene Qualität sinken. Ein Blick beispielsweise auf Schnellrestaurants im Vergleich zur gehobenen Gastronomie scheint die These zu bestätigen: Auf der einen Seite Massenabfertigung der Gäste und eine eher bescheidene Qualität des Angebotes, dafür aber preisgünstig. Auf der anderen Seite deutlich weniger Gäste, eine wesentlich höhere Qualität, aber auch höhere Kosten.

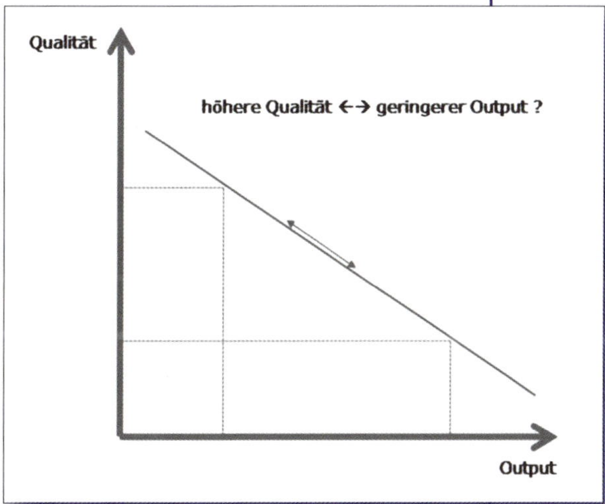

Abb.: Höhere Qualität – geringerer Output? Ist es wirklich so?

Qualität und Output maximieren: es ist möglich

Vielfach wird die Meinung vertreten, eine höhere Qualität müsse automatisch zu einem geringeren Output führen und umgekehrt. Ist es wirklich so einfach? Tatsächlich ist es das nicht! Qualität und Leistung sind eben nicht unverrückbar miteinander verbunden und stehen nicht in umgekehrter Korrelation zueinander. Vielmehr kann sowohl der Output als auch die Qualität maximiert werden – und zwar abhängig von der konkreten Situation. Pro Tag gehen nicht Millionen von Kunden in Schnellrestaurants, weil sie ein Faible für qualitativ minderwertiges Essen hätten, sondern weil das Gesamtpaket aus schneller, preisgünstiger Nahrungsaufnahme, einem mehr oder weniger standardisierten Produkt und Ablauf sowie einem bequemen Umfeld (Lage, Erreichbarkeit ...) unter Abwägung möglicher Nachteile als angemessen in Preis und Leistung erscheint. Es ist sogar so, dass die Franchise-Systeme der großen Burgerbrater und Pizza-Services sehr viel unternehmen, um Qualität und Output für das konkrete Einsatzszenario und eine klar umrissene Zielgruppe zu maximieren. Doch natürlich handelt es sich dabei nicht um die gleiche Zielgruppe wie die der gehobenen Gastronomie – zumindest nicht in der gleichen Situation.

Herr Müller kann also durchaus in der Mittagspause auf die Schnelle eine Currywurst zu sich nehmen und von der erbrachten Qualität angetan sein als auch am Abend zum Hochzeitstag ein exquisites Dinner mit seiner Ehefrau genießen. Mehr noch: Stimmt die Qualität der Speisen, Getränke oder des Services beim Dinner nicht, so wird er dies weniger leicht nehmen, als wenn die Currywurst fad schmeckte und das Bier dazu lauwarm war.

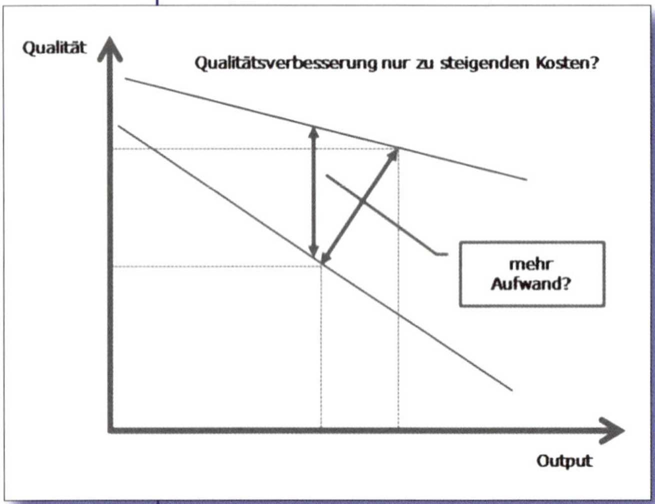

Abb.: Ist eine Steigerung von Qualität und/ oder Output nur dann möglich, wenn die Kosten steigen? Nein! Denn gerade die Fehlerbehebung und Nachbearbeitung kosten Zeit und Geld, die durch Qualitätsmanagement eingespart werden können.

Je höher der Preis und je gehobener der Anlass, umso kritischer wirken sich Qualitätsmängel aus. In der Spitzengastronomie kann es sogar den Ruin bedeuten, wenn ein Haus seine Sterne verliert. Und in Japan verlangt es die Ehre von einem Koch, dessen Gäste durch Fehler bei der Kugelfischzubereitung Schaden nehmen, rituellen Selbstmord zu begehen. Da hat es der Imbissbuden-Besitzer leichter. Wer aber aufmerksam durch eine beliebige Stadt spaziert und sich die Imbisse und Fastfood-Lokale anschaut, wird auch hier deutliche Unterschiede in der Frequentierung feststellen. Auch hier gibt es Präferenzneigungen, die dazu führen, dass man lieber in das eine als in das andere Lokal geht – und diese Vorlieben sind abhängig von der Qualität, vom Angebot und vom Preis. Es ist also immer der Gesamteindruck, der im Rahmen der gegebenen Situation zählt.

1.1 Gute Wirte brauchen keine ISO!

Qualitätsgedanke oft nicht vorhanden

Doch obwohl die Zufriedenheit der Gäste über den zukünftigen Geschäftserfolg entscheidet, obwohl jeder Besuch eines Gastes in einem Restaurant oder Hotel einen Vertrauensvorschuss bedeutet, ist der Qualitätsgedanke in vielen gastgewerblichen Unternehmungen unterrepräsentiert.

Schon 2001 veröffentlichte Dr. Hartmut Warweitzki, Unternehmensberater für Wirte, Hoteliers und Existenzgründer aus Berlin, im Fachmagazin »Gastronomie« einen Beitrag mit dem Titel »Gute Wirte brauchen keine ISO« (Ausgabe Nr. 4/2001). Darin berichtet der Autor von seinen Erfahrungen mit dem Thema »Qualität im Gastgewerbe«:

> [...] Ein Wirt sagte mir zum Beispiel neulich: Ich brauche nicht das Geschwätz über Qualitätsmanagement, über die ISO 9000 oder über die Qualität – ich mache sie tagtäglich! Der Wirt sagt also unmissverständlich: Qualität braucht keine ISO.
>
> Ein Hotelier im Norden unseres Landes hat mir dagegen kürzlich dargelegt, warum er sein Haus mit einem Qualitätsmanagement-System und sogar der DIN-Norm ISO »quält«. Er möchte jeden Tag gesicherte Qualität bieten, auch dann, wenn er mal nicht im Hause ist. Dieser Hotelier vertritt demnach die Ansicht: Qualität kann ohne ISO nicht dauerhaft sein.
>
> Die Diskussion ist also wirklich kontrovers und die Begriffswelt einer Norm vom Schlage der ISO 9000 trägt oft nicht gerade zur Begeisterung der Wirte und Hoteliers bei. Im Gegenteil! – Die Stimmung sinkt schnell gegen null, wenn man über Qualität und ISO im gleichen Atemzug spricht.
>
> Die beiden Gastronomen haben aber sicher beide recht: Es kann sehr wohl die beste Qualität im Gastgewerbe ganz ohne ISO angeboten werden. Andererseits kann eine Normierung, zum Beispiel nach der ISO 9000, für die Qualität ganz nützlich sein. [...]

Wie unterschiedlich die Auffassungen von Gästen und Hoteliers hinsichtlich der Qualität der Leistung sein kann, belegt Hartmut Warweitzki in der Folge an einem praktischen Beispiel:

[...] In einem ICE hatte ich kürzlich die Gelegenheit, ein ziemlich lautes Gespräch von zwei Dauerdienstreisenden mithören zu müssen. Beide kannten sich aus dem Hotel, in dem sie gewohnt hatten. Offensichtlich aus Mangel an Themen wurde über dieses Hotel sehr intensiv und leider auch sehr kritisch diskutiert:

Das Zimmer war im Prinzip o.k., aber zu klein und zu laut. Man konnte auch noch den rauchenden Vortagesgast riechen. Im Bad war das Licht nicht hell genug und in der Dusche hatte »heiß« und »kalt« ganz willkürlich gewechselt. Das Frühstück war normal, doch völlig ohne Höhepunkte. Das Frühstücksei war heiß, doch leider hart. Das Speisenangebot am Abend war nicht überraschend, einfach wie fast überall, verwechselbar. Es hatte aber meist ganz gut geschmeckt. Die Preise entsprachen wohl den angekündigten 3 Sternen und waren als etwas zu hoch empfunden worden.

Man zog in schöner Eintracht dann das Fazit:

Alles war normal, aber die Qualität war schon enttäuschend. Man hatte manches Hotel in gleicher Preisgruppe schon anders, »spannender«, interessanter, ja letztlich besser erlebt. Andere Hotels hätten eben Qualität zum gleichen Preis geboten. Sofern sich beim nächsten Aufenthalt in der Region Alternativen anbieten würden, würde man in einem anderen Hotel absteigen.

Mitreden konnte ich nicht. Ich kannte nicht die Fakten. Doch stellte ich mal wieder fest: Merke ... Der Gast spricht oft erst dann von Qualität, wenn seine Erwartungen erfüllt und überboten wurden!

Wie ging es wohl dem Hotelier, dem doch die Ohren hätten klingen müssen? Der dachte vielleicht ganz zuversichtlich: »Die Herren waren drei Tage in meinem Haus. Sie haben gut geschlafen, denn sie haben auf meine Frage nichts Gegenteiliges gesagt. Das Frühstück haben sie gegessen und dabei recht freundlich ausgesehen. Jeden Abend saßen sie im Restaurant und haben eine ganz gute Zeche gemacht. Die Stimmung bei der Abfahrt heute war nicht schlecht. Meine Mannschaft hat ihren Job wohl gut gemacht, wir haben Qualität geliefert. Ich schätze, die Gäste werden wieder kommen.«

Hotelier! So kann man sich irren!! [...]

Diese beiden Auszüge zeigen ein grundlegendes Problem auf: Für viele Gastronomen und Hoteliers – und damit auch einen großen Teil des Personals – bedeutet »Qualität«, die Leistung so erbracht zu haben, dass der Gast sich nicht beschwert. *Hätte* er sich beschwert, dann hätte man natürlich auch jederzeit Missstände beseitigen können – aber solange der Gast nichts sagt, ist es wohl in Ordnung.

Damit aber wird der Gast zum **Tester**: Er lässt sich auf das Wagnis ein, ein neues Hotel oder Restaurant *zu testen*, er gewährt einen Vertrauensvorschuss, er setzt dafür sein Geld und seine Zeit ein. Muss er da wirklich noch selbst den Anbieter auf mögliche Mängel und Versäumnisse hinweisen? So weit wird er nur dann gehen, wenn er sich wirklich massiv beeinträchtigt fühlt oder das Preis-Leistungsverhältnis so gar nicht den Erwartungen entspricht.

Aufgabe

Prüfen Sie Ihren Gästebereich: Wo wird Ihr Gast zum unfreiwilligen Tester? Manchmal sind es Kleinigkeiten wie wackelnde Stühle, quietschende oder knarzende Hotelbetten oder auch die klemmende Schrankschublade, die das Erlebnis für den Gast beeinträchtigen. Aber wer setzt sich schon regelmäßig auf alle Stühle, um herauszufinden, welche wackeln? Wer legt sich zum Test in die eigenen Betten und wer öffnet die Schubladen zwecks Qualitätssicherung (und nicht um herauszufinden, ob Gäste etwas im Zimmer vergessen haben)? Durchlaufen Sie den gesamten Gästebereich vom Empfang bis zur Toilette und spüren Sie Bereiche auf, die Ihnen sonst selbstverständlich erscheinen!

Fehlende Beschwerden sind kein Zeichen hoher Qualität

Anbieter müssen akzeptieren, dass das Ausbleiben von Reklamationen noch lange kein Beweis für hohe Qualität ist. Spätestens, wenn der Gast zurück im Freundes- und Bekanntenkreis ist, erweist sich, ob er mit dem Erlebten zufrieden (oder gar außerordentlich zufrieden) war. Dann nämlich empfiehlt er das Angebot weiter – oder eben auch nicht. Laut Untersuchungen geben 75 Prozent aller Kunden, die einen Anbieter wechseln, Unzufriedenheit mit dem Angebot oder dem Anbieter an – quer durch alle Branchen.

Eigentlich ist der Anbieter somit in der Bringschuld. Er sollte alles unternehmen, um den Aufenthalt des Gastes so angenehm wie möglich zu gestalten und hohe Qualitätsstandards sicherzustellen. Doch wie wir noch sehen werden, können die Gründe für qualitative Mängel sehr vielfältig sein. Es reicht daher nicht, alle Mitarbeiter zusammenzutrommeln und eine Qualitätsoffensive auszurufen, sondern es bedarf eines gezielten Managements der Qualität und der Prozesse. Dies ist kein einmaliges Unterfangen, sondern ein kontinuierlicher Prozess mit dem Ziel, die Qualität laufend zu kontrollieren und zu verbessern.

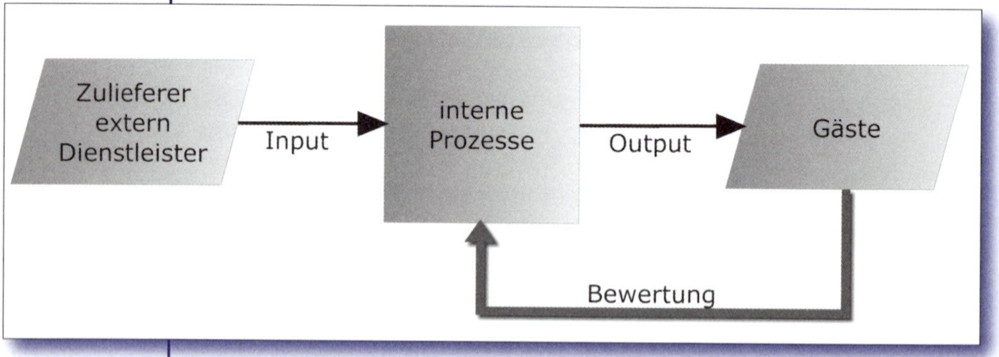

Abb.: Den Gast interessiert nur die Qualität, nicht, wer für eventuelle Mängel verantwortlich ist. Auch Mängel, die Sie nicht selbst zu verschulden haben, werden Ihre Gäste Ihnen anlasten.

1.2 Qualität und Kundenzufriedenheit

Ist damit Qualitätssicherung nichts anderes als eine Fokussierung auf die Zufriedenheit der Gäste und Kunden?

Zweifellos ist Kundenzufriedenheit ein deutliches Signal dafür, dass die Qualität »stimmt«, während unzufriedene Kunden beziehungsweise Gäste darauf schließen lassen, dass Qualitätsmängel vorliegen können (aber nicht müssen). Allerdings kann die Zufriedenheit immer erst im Nachhinein ermittelt werden. Sie kann daher auch nicht als Management- und Steuerungsinstrument genutzt werden – die Folge wäre sonst ein »Trial and Error«-Prinzip, bei dem immer wieder Neues versucht wird, aber erst bei der Auswertung am Ende, wenn das Kind möglicherweise bereits in den Brunnen gefallen ist, festgestellt werden kann, ob die Maßnahme erfolgreich war oder nicht. Woran es dann wirklich gelegen hat, kann die Kundenzufriedenheitsanalyse ebenfalls nicht ermitteln – sie kann nur Symptome und die Auswirkung auf die Gäste untersuchen.

Beispiel

Peter Müller, Managementberater, lädt zusammen mit seiner Frau Freunde und Familie zum 25. Hochzeitstag zum Nobeljapaner ein. Nun gut, seine Frau war zunächst gegen die Idee, aber Peter Müller liebt das Lokal – und man gönnt sich ja sonst nichts. Allein: Die Veranstaltung wird zum Fiasko – die meisten Gäste können mit Sushi, Sashimi und Essstäbchen nichts anfangen, statt Sake hätten sie lieber ein Kölsch gehabt. Insgesamt ist die Zufriedenheit der Gäste eher begrenzt, doch weil man eingeladen wurde, beschwert man sich auch nicht. Peter Müller bemerkt die gedrückte Stimmung. »Irgendwie war die Qualität hier auch mal besser ... meinen Gästen schmeckt es auch nicht richtig.« – Wird die Situation nicht aufgeklärt, könnte tatsächlich der Gedanke aufkommen, das Restaurant habe ein Qualitätsproblem. Tatsächlich sind es hier aber die Wünsche und Erwartungen der Gäste, die nicht zum gewählten Etablissement passen.

Etwas anders liegt der Fall beim Samstagsbrunch, den Klaus Kleber regelmäßig mit seiner Familie besucht. Irgendwann stellt man – selbst etwas verwundert – fest, dass man früher fast jeden Samstag zum Brunch gegangen ist, später alle paar Wochen, nun nur noch alle paar Monate. Die Qualität der Speisen ist auch durchaus in Ordnung, daran kann es also nicht liegen. Es zeigt sich aber, dass alle des Brunchs ein wenig überdrüssig geworden sind: Es sind immer die gleichen Speisen, die geboten werden – und man hätte einfach gerne mal etwas Abwechslung. – Dieses Beispiel zeigt, dass sich die Gästeerwartungen im Laufe der Zeit verändern. Es ist Aufgabe des Anbieters, zu entscheiden, ob, wann und wie darauf reagiert werden muss.

Erwartungen steigen mit zunehmender Qualität

Beide Beispiele zeigen, dass nicht allein die Kundenzufriedenheit ausschlaggebend ist. Untersuchungen in Industriebetrieben haben zudem gezeigt, dass die Erwartungen der Kunden immer weiter steigen, liefert ein Unternehmen fehlerfreie, qualitativ hochstehende Produkte: Im Zeitverlauf nahmen die Kundenzufriedenheit und die wahrgenommene Qualität des Angebotes tendenziell ab, obwohl das Produkt keinerlei Veränderung erfahren hatte.

Begeisterung lässt nach, Abstand zur Konkurrenz wird kleiner

Der Hintergrund für diese schleichende Zufriedensheitsdegeneration hinsichtlich der Zufriedenheits- und Qualitätsnoten von Produkten und Dienstleistungen liegt in der Natur des Menschen: Hat man sich an etwas gewöhnt, so wird es alltäglich, der Begeisterungsfaktor nutzt sich ab. Parallel geht die Entwicklung in anderen Bereichen und bei Konkurrenzangeboten weiter, sodass sich der Abstand verringert. Die Folge ist, dass Kunden das Angebot schlechter bewerten als früher und sich Innovationen und neue Features wünschen, zumindest aber sinkende Preise.

Dieses aus der Psyche des Menschen nur allzu verständliche Phänomen kann nun allerdings dazu führen, dass ein Anbieter, der sich stark an der Kundenzufriedenheit ausrichtet, nicht mehr aus eigenem Antrieb heraus, sondern getrieben durch vage Kundenwünsche, immer mehr Aufwand in Innovationen steckt, die der objektiven Qualität des Angebotes nicht nützen und gegebenenfalls eher schaden.

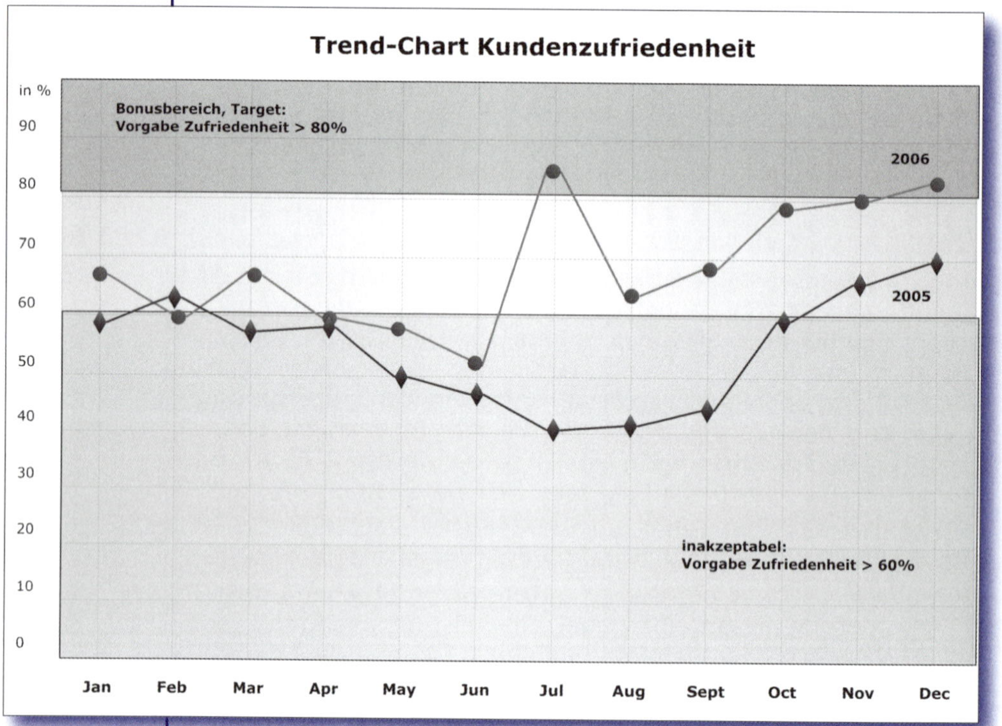

Abb.: Es macht Sinn, die Zufriedenheit der Gäste (besonders im Zeitverlauf) zu beobachten. Es reicht jedoch nicht aus, sich allein auf die Kundenzufriedenheit zu konzentrieren.

Der Kunde, egal ob Gast in einem Restaurant oder Hotel oder Käufer eines Pkws oder einer Tube Zahnpasta, erwartet immer wieder Neuerungen, Innovationen und Verbesserungen, die er mit Qualitätsoptimierung in Verbindung bringt (beziehungsweise deren Ausbleiben die wahrgenommene Qualität des Angebotes langsam reduziert).

Aus diesem Grund würde die Fokussierung rein auf die Kundenzufriedenheit dazu führen, dass sich das Unternehmen immer in der Situation befindet, den Kundenwünschen hinterherzujagen. Damit sind weder revolutionäre Ideen umsetzbar (weil diese vom Gast zunächst nicht erwartet und damit nicht unmittelbar honoriert werden), noch werden betriebswirtschaftliche Aspekte mit in den Entwicklungsprozess einbezogen (schließlich interessieren den Gast Aspekte wie Wirtschaftlichkeit und ROI nur am Rande). Hinzu kommt, dass die Kundenzufriedenheit sehr stark mit Kundenbindung verknüpft ist. Gerade im Bereich der Hotellerie ist es jedoch vielfach so, dass die Gäste selbst nicht zu Stammgästen werden, sie aber durchaus Einfluss darauf haben, ob andere aufgrund einer Empfehlung zu Gästen werden.

Qualitätsmanagement und -sicherung sind proaktiv: Sie setzen nicht erst dort an, wo der Gast es erwartet, sondern wo es wirtschaftlich Sinn macht. Dabei steht zunächst nicht der einzelne Gast im Vordergrund, sondern die Gesamtheit der Gäste. So wird vermieden, dass sich das Unternehmen zu sehr nach einzelnen notorischen Nörglern ausrichtet.

Qualitätsmanagement setzt dort an, wo es wirtschaftlich sinnvoll ist

Daher ist es wichtig, die Kundenzufriedenheit nur als *ein* Maß zu betrachten, daneben aber auch andere Kriterien und insbesondere die Wirtschaftlichkeit nicht aus den Augen zu verlieren.

1.3 Gast als Tester?

Aus der Sicht des Gastes bestimmt sich die Qualität einer Dienstleistung daraus, ob sie gewisse erwartete Anforderungen erfüllt. Eine Anforderung beschreibt dabei ein Leistungsmerkmal der Dienstleistung. Ich habe bereits in Kapitel 1.1 kurz darauf hingewiesen, dass Hoteliers und Gastronomen, die sich nicht proaktiv darum kümmern, diesen Erwartungen der Gäste zu entsprechen, sondern darauf vertrauen, im Fall des Falles reaktiv tätig werden zu können, den Gast in die Rolle eines Testers drängen.

Es ist verblüffend zu beobachten, wie viele Unternehmen dabei von ausbleibenden Reklamationen auf die Qualität des eigenen Angebotes schließen. Dabei wird allerdings die ursprüngliche Motivation des Gastes übersehen: Er wird eben nicht dafür bezahlt, die Angebotsmängel aufzudecken, sondern zahlt dafür, sich entspannen und erholen zu können oder etwas Interessantes zu erleben.

Es muss daher schon viel passieren, um wirklich zu einer Beschwerde zu führen. Wer hat noch nicht in einem angesagten Restaurant ewig auf die Bedienung gewartet, war vom Essen enttäuscht oder musste die ganze Zeit vor dem leeren Glas sitzen. Beschwerde? Selten bis gar nicht. Noch einmal das Restaurant besuchen oder es Freunden empfehlen? Mit Sicherheit nicht!

Aufgabe

Welche Anforderungen stellt der Gast an Ihre Dienstleistung? Wie unterscheiden sich die Anforderungen verschiedener Gästesegmente?

»Große« planen strategisch und analysieren Gästebedürfnisse

Gerade kleinere Unternehmen aus Gastronomie und Hotellerie tappen vielfach im Dunklen, wenn es darum geht, die Anforderungen zu definieren, die die Gäste als gegeben voraussetzen. Anders bei den großen Ketten und Franchise-Systemen: Hier ist die Analyse und Umsetzung von Anforderungen (Anforderungsmanagement) eine eigenständige, zentrale Funktion im Management: Jeder Sonderaktion bei McDonald's, Burger King und Co., jeder Innovation in Angebot und Prozessablauf bei den großen Hotelketten liegen umfangreiche Analysen zugrunde, inwieweit damit den Anforderungen der Gäste Rechnung getragen wird. Dort werden Anforderungen auch in Checklisten, Anforderungskatalogen oder Fragenkatalogen erfasst und im Rahmen des Qualitätsmanagements werden Anforderungen an Produkte und Dienstleistungen sowie an die Prozesse definiert und überwacht.

»Kleine« überlassen vieles dem Zufall

Anders bei vielen kleineren Anbietern: Hier wird vieles dem Zufall überlassen. Die Folge davon ist wieder: Der Gast wird unfreiwillig zum Tester!

Nicht von ungefähr gibt es in vielen Franchise-Restaurants Karten, auf denen die Gäste verschiedene Faktoren bewerten können. Zum Teil wird die Teilnahme auch durch ein Gewinnspiel o. Ä. versüßt. Allerdings kann auch beobachtet werden, dass viele Mitarbeiter gar keinen besonderen Wert darauf legen, dass die Gäste diese Zufriedenheitsumfragen auch ausfüllen – wahrscheinlich wissen sie, warum.

Dabei müsste jeder Unternehmer begeistert sein, wenn die Gäste ein offenes Feedback zu Qualität und Service geben. Schließlich übernehmen sie damit eine Aufgabe, die eigentlich vom Anbieter durchgeführt werden muss: das Aufdecken von Mängeln und die Qualitätskontrolle. Tatsächlich gibt man an anderer Stelle häufig viel Geld dafür aus, dass Meinungsforschungsinstitute ähnliche Stimmungsbilder erheben. Es lohnt sich daher, die Gäste aktiv dazu anzuhalten, Bewertungen abzugeben, und sie für ihre Mühe zu belohnen.

Gästebogen

Bitte helfen Sie uns, unseren Service weiter zu verbessern!
Durch das Ausfüllen dieser Karte unterstützen Sie uns dabei, zukünftig noch besser auf Ihre Wünsche eingehen zu können.

Wieviele Personen? ____________ Datum ____________

☐ Frühstück ☐ Mittagessen ☐ Abendessen ☐ Brunch ☐ spez. Veranstaltung

Name Ihrer Bedienung: ____________

Was haben Sie bestellt? ____________

Qualität des Essens	☐ exzellent	☐ gut	☐ ausreichend	☐ schlecht
Portionsgröße	☐ exzellent	☐ gut	☐ ausreichend	☐ schlecht
Bestellvorgang	☐ exzellent	☐ gut	☐ ausreichend	☐ schlecht
Service	☐ exzellent	☐ gut	☐ ausreichend	☐ schlecht
Sauberkeit	☐ exzellent	☐ gut	☐ ausreichend	☐ schlecht
Gesamteindruck	☐ exzellent	☐ gut	☐ ausreichend	☐ schlecht

Was können wir besser machen? ____________

Alter ☐ <18 ☐ 19-34 ☐ 35-54 ☐ 55+ ☐ männl. ☐ weibl.

Wie haben Sie uns gefunden?

☐ Zeitung ☐ TV ☐ Radio ☐ Freunde ☐ sonstiges: ____________

Abb.: Mit einem Gästebewertungsbogen können Sie auf einfache Weise ein Stimmungsbild erheben.

Wesentlich gravierender als die Tatsache, dass der Gast unfreiwillig zum Tester wird, ist aber die Folge daraus: Seine Zufriedenheit mit dem Angebot und dem Service wird weitgehend dem Zufall überlassen. Daraus entstehen immer wieder Enttäuschungen, die hätten vermieden werden können, hätte der Anbieter sich vorab mit dem Gast und seinen Wünschen beschäftigt und das Angebot darauf angepasst.

1.4 Enttäuschte Gäste

Das entscheidende Problem besteht darin, dass Qualitätsmängel, die der Gast aufspürt, nicht erfüllten Anforderungen entsprechen und damit zu Enttäuschungen führen. Enttäusche Gäste sind aber Gift für das Geschäft und den langfristigen Erfolg.

Aus drei Gründen ist dies besonders bitter:

1. Der **Customer Lifetime Value** des Gastes sinkt.
2. **Empfehlungen** im Freundeskreis werden nicht ausgesprochen.
3. Über das Internet und im Bekanntenkreis können sich Berichte über **negative Erfahrungen** wie ein Lauffeuer ausbreiten.

Aufgabe

Überprüfen Sie Ihre Maßnahmen zur Erfassung der Gästezufriedenheit: Wie können Sie die Stimmung unter den Gästen besser erfassen und gezielter auswerten?

Diese Risiken, die aus Qualitätsmängeln entstehen, können mittel- und langfristig die Wettbewerbsfähigkeit des Unternehmens erheblich schwächen. Selbst eine nachträgliche Korrektur der Mängel kann das Blatt unter Umständen nicht mehr wenden, da mit dem Bekanntwerden von Qualitätsproblemen auch die Glaubwürdigkeit des Anbieters in Mitleidenschaft gezogen wird.

1.4.1 Customer Lifetime Value

Der Customer Lifetime Value (CLV, auch Kundenwert genannt) bezeichnet den Deckungsbeitrag, den ein Anbieter über einen konkreten Kunden während seines gesamten »Kundenlebens« einnimmt, diskontiert auf den heutigen Tag.

Diese betriebswirtschaftliche Kenngröße berücksichtigt neben den bisherigen Umsätzen auch den zukünftig zu erwartenden Umsatz (Kundenpotenzial). Genau hier besteht das Problem: Wären keine Qualitätsmängel aufgetreten und es somit nicht zu einer Unzufriedenheit seitens des Gastes gekommen, so könnten zusätzliche Umsätze mit diesem Gast erzielt werden (beispielsweise durch erneute Besuche oder durch Zusatzverkäufe).

Ist der Gast jedoch enttäuscht, so sinkt seine Bereitschaft, das Angebot erneut in Anspruch zu nehmen, ebenso, wie die Bereitschaft, Zusatzangebote in Anspruch zu nehmen. Vielfach wird er sich nach Alternativen umsehen, von denen es in der Regel reichlich gibt.

Beispiel

Interessant ist in diesem Zusammenhang auch, dass manche Servicemängel von sich aus den möglichen Umsatz mit dem Gast beschränken: Vielfach könnte beispielsweise der Getränkeumsatz höher sein, würde der Gast nicht vor seinem leeren Glas sitzen müssen. Auch ist im Restaurant der Verzicht auf das aktive Nachfragen/Anbieten von Aperitif, Dessert, Kaffee oder Digestif ein versteckter Mangel. Er wird dem Gast unter Umständen erst auffallen, wenn dieser darauf angesprochen wird, andere Gäste aktiv nach diesen Angeboten fragen … oder sogar erst zu Hause, wenn ihm einfällt, dass ein Kaffee oder ein Stück Kuchen das Essen jetzt abrunden würden. In der Hotellerie lassen sich ähnliche Bereiche finden, in denen es regelmäßig versäumt wird, die Wünsche des Gastes zu erfüllen und parallel den Umsatz zu steigern.

Als Kritik am CLV bzw. am Kundenwert-Modell wird immer wieder die Prognoseunsicherheit bei der Ermittlung der zu erwartenden künftigen Umsätze mit dem Kunden genannt. Dies ist aber hier nur von untergeordneter Bedeutung, da es nicht um die konkrete Berechnung des CLV geht, sondern um den Einfluss von Qualitätsfaktoren auf die tendenzielle Entwicklung desselben.

Abnehmender CLV kann nicht durch mehr Service ausgeglichen werden

Entscheidend ist, dass der Customer Lifetime Value sinkt, sobald Qualitäts- und Servicemängel evident werden. Dies wirkt sich nachteilig auf die wirtschaftliche Situation des Unternehmens aus und kann auch durch eine nachträgliche Serviceoffensive nicht mehr ausgeglichen werden.

Umgekehrt kann ein qualitativ hochwertiges Angebot in Kombination mit ausgezeichnetem Service dazu führen, dass der CLV steigt: Der Gast erhöht seine Besuchsfrequenz und ist eher bereit, auch Zusatzkäufe zu tätigen.

1.4.2 Mundpropaganda

Neben dem CLV ist auch die Weiterempfehlungsquote wichtig für das Unternehmen. Viele In-Lokale und In-Destinationen profitieren vor allem davon, dass sie im Freundes- und Bekanntenkreis weiterempfohlen werden. Eine Empfehlung erfolgt jedoch nur dann, wenn der Gast überdurchschnittlich zufrieden war.

Warnung statt Empfehlung

Enttäuschungen und Qualitätsmängel behindern diese Weiterempfehlung – schließlich will sich der Gast nicht später rechtfertigen müssen, eine schlechte Empfehlung abgegeben zu haben. Gravierende Mängel führen gar zu einer Gegenreaktion: Statt den Besuch zu empfehlen, werden Warnungen ausgesprochen.

Für den Anbieter wiegt dieser Faktor doppelt schwer: Vergrault er durch Qualitätsmängel einen Gast, so verliert er nicht nur dessen künftige Umsätze, sondern auch die Umsätze, die aufgrund einer Weiterempfehlung durch diesen Gast mit neuen Gästen hätten erzielt werden können.

Aufgabe

Hören Sie sich um, welche Ihrer Wettbewerber einen besonders guten Ruf genießen. Welche Faktoren werden besonders gelobt? Machen Sie auch die Probe aufs Exempel und testen Sie selbst das Angebot dieser Wettbewerber. Was läuft besser als bei Ihnen? Wo ist besonders spürbar, dass auf Qualität geachtet wird?

1.4.3 Problemmultiplikator Internet: Qype und Co.

Internet: negative Mundpropaganda wirkt nachhaltig

War früher die Mundpropaganda auf den direkten Freundes- und Bekanntenkreis des Gastes beschränkt, so sorgt das Internet heute dafür, dass persönliche Empfehlungen, Erfahrungen und Bewertungen, einmal online gestellt, weltweit abgerufen werden können. Das machen sich Bewertungsplattformen wie Qype, TripAdvisor oder HolidayCheck zunutze, die ihre User aktiv auffordern, ihre Erfahrungen im Internet zu veröffentlichen und so anderen zugänglich zu machen.

Was generell für den Einzelnen eine wertvolle Informationsquelle darstellen kann, kann für einen Anbieter mit Qualitätsproblemen zur sprichwörtlichen Büchse der Pandora werden: Einmal im Internet, lässt sich eine negative Bewertung nicht mehr einfangen: Suchmaschinen machen es leicht, positive wie negative Bewertungen zu finden, der Abruf ist nicht auf einen eng begrenzten Freundes- und Bekanntenkreis beschränkt und die Halbwertszeit einer solchen Bewertung ist wesentlich länger als die einer im Freundeskreis ausgesprochenen Warnung. Letztere ist auf die beteiligten Personen begrenzt und verliert im Laufe der Zeit ihre Wirkung. Die Online-Bewertung im Internet aber findet immer neue Interessenten, zieht also immer neue Kreise, auch wenn die Kritik selbst schon Monate oder Jahre alt ist und die Mängel längst beseitigt sind.

Mit der zunehmenden Popularität solcher Bewertungs- und Meinungsplattformen sowie – gerade im Bereich der Hotellerie – immer mehr Buchungsplattformen, die die Kunden nach ihrem Aufenthalt auffordern, das besuchte Hotel zu bewerten, wird daher die Kundenzufriedenheit und somit auch die Qualitätssicherung für die Anbieter immer wichtiger.

Nach dem Besuch wird der Gast zu Bewertung aufgefordert

Dabei kommt erschwerend hinzu, dass Gäste einen stärkeren Drang verspüren, ihre Erlebnisse zu veröffentlichen, wenn sie eine Enttäuschung erlebt haben, als wenn sie zufrieden mit dem Erlebten waren. Aus diesem Grund finden sich bei manchen Bewertungsplattformen überdurchschnittlich viele negative Kommentare – selbst wenn die unzufriedenen Gäste insgesamt deutlich in der Minderheit sind.

Aufgabe

Wissen Sie, ob von Gästen im Internet Kritiken zu Ihrem Unternehmen und Ihrem Angebot veröffentlicht wurden? Recherchieren Sie, was gegebenenfalls über Sie geschrieben wurde, unterdrücken Sie Ihren Ärger (im Internet herrscht freie Meinungsäußerung: Auch wenn Kritik aus Ihrer Sicht überzogen und falsch ist, ist es kaum sinnvoll, den Urheber zur Rechenschaft zu ziehen.) und sehen Sie in der Kritik auch eine Chance, sich gezielt zu verbessern.

Ihr Erfolgspotenzial

Aus all diesen Gründen müssen Hoteliers und Gastronomen alles daran setzen, eine qualitativ erstklassige Dienstleistung zu erbringen, die auf die Erwartungen und Bedürfnisse der Zielgruppe abgestimmt ist. Dabei kann selbstverständlich nie ausgeschlossen werden, dass es doch einmal zu Problemen kommt und Enttäuschungen auftreten. Statt allerdings zu erwarten, dass sich die Gäste im Fall des Falles schon melden und beschweren werden, muss eine aktive Reklamationskultur aufgebaut werden, die dem Gast verdeutlicht, dass seine Kritik jederzeit willkommen ist und ernst genommen wird.

Kritik als Chance wahrnehmen

Anstatt den Kontakt zu unzufriedenen Gästen zu verlieren und so Gefahr zu laufen, negative Bewertungen im Internet und negative Mundpropaganda zu generieren, muss die Kritik als Chance verstanden werden. In der Regel ist es in der Summe deutlich billiger, den Gast geeignet zu entschädigen, als die Folgen negativer Kommentare zu tragen. Hinzu kommt, dass Reklamationen zwei entscheidende Vorteile bieten:

- Erkannte und bekannte Mängel können gezielt beseitigt werden.
- Sieht ein enttäuschter Gast, dass man seine Kritik ernst nimmt und um Entschädigung bemüht ist, wird in vielen Fällen seine Bindung an Angebot und Anbieter wieder steigen und sowohl die Gefahr für den CLV als auch die negative Propaganda können vielfach abgebogen werden. Nicht selten kann eine optimale Reklamationsbehandlung sogar dazu führen, dass der Gast den Anbieter künftig erst recht weiterempfiehlt.

1.5 Qualität in globalisierten Märkten

Durchschnitt genügt nicht

Es sind aber nicht nur direkte negative Erfahrungen auf der Basis von Qualitätsmängeln, die eine Gefahr für Anbieter darstellen. Vielmehr reicht in vielen Fällen auch eine durchschnittliche Qualität nicht mehr aus, um die bestehenden Kunden zu halten.

In den vergangenen Jahren ist das Angebot an vergleichbaren Produkten und Dienstleistungen ständig gewachsen, die Qualität vieler Angebote unterscheidet sich nicht gravierend, auch die Preisunterschiede sind marginal. So ist es dank Billigfliegern möglich, das Wochenende anstatt mit der Bahn in Hamburg mit dem Flugzeug in London, Paris, Rom oder Madrid zu verbringen – zu vergleichbaren Kosten und bei vergleichbarem Zeitaufwand.

Mehr Auswahl, mehr Information

Die Kunden haben nicht nur mehr Auswahl, sondern auch Zugriff auf wesentlich mehr Informationen über Angebote und Märkte. Sie treffen informierter Entscheidungen, sind wechselbereiter und allgemein flexibler, zugleich aber auch anspruchsvoller als früher.

Das alles führt dazu, dass Anbieter sich nicht mehr auf einer einmal erreichten Positionierung ausruhen können. »Qualität« wird zum entscheidenden Faktor für lukrative Zielgruppen, und selbst Schnäppchenjäger achten nicht allein auf den Preis, sondern auch auf die gebotene Leistung.

Für Anbieter bedeutet das:

- Die Konkurrenz wächst ständig, immer neue Alternativen werden angeboten. Das kann dazu führen, dass selbst Stammgäste abwandern, um Neues auszuprobieren. Nur ein extrem hoher Qualitätsstandard kann dies verhindern – dann nämlich, wenn sich der Gast gar nicht vorstellen kann, woanders besser bedient zu werden.
- Der Käufermarkt hat bei den Gästen das Bewusstsein geschärft, dass sie es sind, die die Gehälter der Mitarbeiter, des Hoteldirektors und des Restaurantchefs zahlen. Dieses Bewusstsein führt dazu, dass Gäste wesentlich gezielter Qualität einfordern und höhere Erwartungen an das Angebot stellen.
- Wer sich qualitativ nicht vom Wettbewerb abhebt, läuft Gefahr, als durchschnittlich eingestuft zu werden. Er wird damit austauschbar und muss sich, um im Markt überleben zu können, einem harten Preiskampf unterwerfen. Da Gäste und Kunden jedoch mit einem niedrigen Preis schnell auch eine geringere Qualität assoziieren und Qualität tatsächlich ihren Preis hat, begibt man sich in einen Teufelskreis.
- Hinzu kommt, dass der globale Wettbewerb auch die Vergleichbarkeit der Angebote und das Anspruchsdenken der Gäste fördert. Qualität bedeutet dabei längst mehr als fehlerfreie Produkte und komplikationsarme Umsetzung: Gäste erwarten ungeteilte Aufmerksamkeit, prompten Service, Mehrwert, ein ansprechendes Ambiente, motivierte, aufmerksame, freundliche, interessierte und qualifizierte Mitarbeiter und vieles mehr.

Generell kann ein Anbieter sich natürlich taub stellen und sich darauf berufen, sich nicht von derart anspruchsvollen Kunden abhängig machen zu wollen. Das kann dann jedoch schnell zu weniger Umsatz und damit zu schlechteren Geschäften führen.

Aufgabe

Vergleichen Sie die Angebote Ihrer direkten und indirekten Wettbewerber, aber auch die jeweiligen Bewertungen und Kommentare in den einschlägigen Internet-Portalen! Der Blick über den eigenen Tellerrand bringt zusätzliche Ideen für Qualitätsoffensiven, offenbart aber auch häufig übersehene Mängelbereiche, die Gäste nicht nur bei den Wettbewerbern, sondern auch bei Ihnen kritisieren könnten.

Offener Blick auf das eigene Angebot statt Verdrängung von Mängeln

Die selbstkritische Betrachtung der eigenen Qualität ist in globalisierten, nachfragebestimmten Märkten besonders wichtig. Wer nicht weiß, wie es um seine Qualität bestimmt ist, macht für sinkende Umsätze sonst gerne externe Faktoren wie Straßensperrungen, die besonderen Gewohnheiten der Gäste, mangelnde Vermarktung der Region, die schlechte Einkommenslage der Gäste, die Konkurrenz, die allgemeine Wirtschaftslage, die Politik, das Wetter und vieles andere mehr verantwortlich, vergisst aber die Qualitätsmängel der eigenen Leistung: Sie werden entweder nicht erkannt oder schlicht verdrängt.

Doch Qualität lohnt sich. Entwickelt ein Gastronom oder Hotelier gute Angebote, so macht er in der Regel auch gute Geschäfte. Stimmige Qualität in Verbindung mit passenden, innovativen Angeboten aber führt auch zu einem langfristigen Erfolg:

- Gäste werden zu Stammgästen, und die Zufriedenheit allgemein steigt, was für positive Mundpropaganda sorgt.
- Es wird ein Vertrauensvorschuss aufgebaut, der dafür sorgt, dass Gäste auch kleinere, kurzfristige Qualitätsausrutscher verzeihen.
- Die Mitarbeiter werden durch die Anerkennung der Gäste motiviert und wachsen an der neuen Zielsetzung und an der ihnen übergebenen Verantwortung.
- Durch die Festlegung von Qualitätsstandards und umzusetzenden Best-Practices-Lösungen werden Prozesse und Kompetenzen grundsätzlich regelt. Damit muss nicht immer Feuerwehr gespielt werden und neu entschieden werden. Das Management gewinnt Zeit für andere wichtige Arbeiten, zum Beispiel für die Werbung oder die Pflege von Kontakten.

Doch um so weit zu kommen, ist ein gezieltes Qualitätsmanagement notwendig, das eine ganzheitliche Sicht auf die Abläufe und Prozesse im Unternehmen hat und vor allem die Anforderungen aller Beteiligten berücksichtigt. Das umfasst in einer globalisierten Wirtschaft nicht ausschließlich die Gäste und den Unternehmer, sondern auch Mitarbeiter, Geschäftspartner und ggf. Investoren.

Qualität ist erreicht, wenn alle Merkmale/Eigenschaften eines Produktes oder einer Dienstleistung, die von den Beteiligten vorausgesetzten beziehungsweise erwarteten Anforderungen erfüllt werden. Das Schweizer Gütesiegel im Tourismus fasst dies wesentlich eingängiger zusammen. Hier gilt:

Qualität ist anzunehmen,

- wenn der Kunde wiederkommt und nicht die Ware,
- wenn Gewöhnliches außergewöhnlich gut getan wird,
- wenn das, was man macht, mit ganzem Herzen gemacht wird.

1.6 Qualität und Marke – Markenqualität

Die hohe Bedeutung, die Qualität heute für Kunden hat, belegt auch der Begriff der Markenqualität (und eng damit verbunden der Qualitätsmarke).

Marke ist ein Vertrauensfaktor

Ein neues Angebot oder ein Produkt wird dabei automatisch mit der (hohen) Produktqualität verbunden, für die die Marke insgesamt steht. Marken und Markenqualität sind daher Zeichen hohen Verbrauchervertrauens, auch wenn sich das Angebot funktional nur unwesentlich von konkurrierenden Angeboten unterscheidet.

Der gezielte Aufbau von Marken und zugeordneten Qualitäts- und Servicestandards ist beispielsweise bei den international agierenden Hotelketten sehr gut zu beobachten. Hier werden unterschiedliche Marken etabliert, die für unterschiedliche, aber innerhalb der Marke standardisierte, immer gleiche Qualitäts- und Servicemerkmale stehen. Der potenzielle Gast weiß so ganz genau, was ihn erwartet.

Umgekehrt müssen Topadressen wie das Hotel Adlon oder auch ausgezeichnete Spitzenrestaurants den Qualitätsstandard nochmals steigern, um der Alleinstellung gerecht zu werden.

Diese Beispiele zeigen auch, dass das Ziel des Qualitätsmanagements nicht darin besteht, die Qualität beliebig zu steigern, sondern durchgängig auf einem festgelegten, hohen Niveau zu halten. Ausrutscher nach unten wären fatal und könnten die Marke beschädigen.

Aufgabe

Wie unterstützen Ihre Marketingmaßnahmen den Aufbau einer Marke und wie ist damit das Thema »Qualität« verbunden? Vergleichen Sie Ihre Bemühungen mit denen der Top-Gastronomie und der Top-Hotellerie-Marken!

1.7 Qualitätskontrolle, Qualitätssicherung, Qualitätsmanagement

Die einfachsten Methoden zur Steigerung der (wahrgenommenen) Qualität durch den Gast umfassen den Bereich der **Qualitätskontrolle**: Ziel ist es dabei, fehlerhafte Produkte und Dienstleistungen auszusortieren, bevor sie dem Gast offeriert werden. Dies kann im Hotel beispielsweise bedeuten, dass Zimmer erst für den Gästebezug freigegeben werden, wenn nach dem Zimmermädchen noch eine zweite Person das Zimmer inspiziert hat (»Vier-Augen-Prinzip«).

Aufgabe

Welche gezielten Maßnahmen zur Qualitätskontrolle kommen derzeit in Ihrem Unternehmen zum Einsatz?

Eliminierung von Mängeln statt laufender Doppelarbeit

Die reine Fokussierung auf die Qualitätskontrolle hat aber den Nachteil, rein reaktiv zu sein. Das bedeutet, dass einerseits Doppelarbeit entsteht (die fehlerhafte Arbeit muss zunächst erfolgen, bevor sie im Kontrollprozess als solche erkannt werden kann), andererseits die Ursachen nicht hinterfragt werden, die zur Entstehung des Mangels geführt haben. So könnte dem Zimmermädchen einfach eine wichtige Information fehlen oder der Prozess für bestimmte Situationen ungeeignet sein. In solchen Fällen kann sich der Fehler ständig wiederholen, ohne jemals behoben zu werden.

Ziel der **Qualitätssicherung** ist es hingegen, nicht nur die entstandenen Fehler auszusortieren oder nachzubearbeiten, sondern bereits die Prozesse so zu gestalten, dass Fehler gar nicht erst entstehen. Richtet sich der Fokus der Qualitätskontrolle also allein auf das vom Gast wahrgenommene Ergebnis, so konzentriert sich die Qualitätssicherung auf die Erstellungsprozesse.

Aufgabe

Welche gezielten Maßnahmen zur Qualitätssicherung kommen derzeit in Ihrem Unternehmen zum Einsatz? Wie werden Prozesse festgelegt, die überprüft und optimiert werden müssen?

Verantwortung in die Bereiche delegieren

Ein umfassendes **Qualitätsmanagement** geht noch darüber hinaus: Hier wird das gesamte Unternehmen mit seinen Prozessen, Mitarbeitern und Außenbeziehungen (wie Gästen, Lieferanten ...) betrachtet und jeder zu einer definierten Qualität verpflichtet. Dieser ganzheitliche Ansatz hat zur Folge, dass alle Beteiligten für die Qualität in ihrem Bereich Verantwortung tragen und auch zur Rechenschaft gezogen werden können. Qualitätsmanagement setzt damit nicht nur auf punktuelle Qualitätsinitiativen, sondern auf eine dauerhafte Verpflichtung aller.

Von der Qualitätskontrolle über die gezielte Qualitätssicherung bis hin zu einem aktiven, vorbeugenden und ganzheitlichen Qualitätsmanagement reicht die Spanne. Der Aufwand für ein umfassendes Qualitätsmanagement lohnt sich dabei auch in Gastronomie und Hotellerie, auch wenn die Konzepte ursprünglich aus dem produzierenden Gewerbe stammen.

1.8 Qualitätsmanagement: Kosten und Nutzen

Skepsis gegenüber Einrichtung eines QMS

Viele Anbieter schrecken vor der Implementierung eines Qualitätsmanagement-Systems zurück, da sie hohe Kosten bei vergleichsweise niedrigem Nutzen erwarten. Auch wird immer wieder berichtet, dass z.B. die ISO9000/9001-Zertifizierung das Unternehmen ein ganzes Jahr gelähmt hätte, hohe Summen für Berater, für die Implementierung und die Audits verschlungen habe – und sich letztlich doch nichts geändert habe, außer, dass man jetzt ein tolles »Qualitätshandbuch« habe und die Audits regelmäßig wiederholt werden müssten.

Bei solchen Horrorstorys ist es verständlich, wenn Unternehmen einer Zertifizierung skeptisch gegenüberstehen, erst recht, wenn keine externe Notwendigkeit besteht. Kommt dann noch die Sprache darauf, dass die ISO-Zertifizierung ja gar nicht sicherstelle, dass am Schluss hohe Qualität herauskomme, sind die Zweifel umso größer.

Bewertet wird die Fähigkeit zur Erbringung von Qualität

Tatsächlich ist das Ziel von Qualitätsmanagement-Implementierungen samt nachfolgender Zertifizierung nicht, qualitativ hochwertige Endprodukte zu garantieren. Vielmehr wird im Rahmen der Zertifizierung die **Qualitätsfähigkeit** eines Unternehmens bewertet. Die Qualitätsfähigkeit macht dabei keine Aussage zur Qualität bestimmter Dienstleistungen, sondern sie bezeichnet die Fähigkeit des Unternehmens, im Rahmen der durch das Qualitätsmanagement gelenkten Geschäftsprozesse die geforderte Qualität zu realisieren.

Qualitätsmanagement führt daher nicht automatisch zu einem hochwertigen Produkt, da Qualitätsmanagement nur die Erreichung der vom Kunden vorgegebenen Produktqualität steuert. Daraus leitet sich ab, dass ein sehr preisgünstiges, auf die absoluten Notwendigkeiten reduziertes Backpacker-Hotel durchaus einem sehr guten Qualitätsmanagement unterliegen kann.

Darin begründet sich oft auch ein Irrglaube bezüglich der Qualitätszertifizierung nach EN ISO 9001:2000. Nicht das eigentliche Produkt wird zertifiziert (was von dem Kunden oft impliziert wird), sondern nur das Qualitätsmanagement im Herstellungsprozess. Allerdings schreibt die EN ISO 9001:2000 dem Hersteller vor, die Anforderungen des Kunden in Bezug auf das Produkt zu erfüllen.

QMS und Kostenoptimierung

Doch zurück zu den Kosten: Ein leistungsfähiges Qualitätsmanagement sorgt nicht nur dafür, dass der Ausschuss reduziert und Fehler vermieden werden. Auch teure Doppelarbeit und kostspielige Nachbesserungen werden so unnötig.

Ihr Erfolgspotenzial

Insgesamt bietet eine höhere Qualität aber langfristig wesentlich mehr Vorteile, wie oben bereits angedeutet: Die Stammgastquote erhöht sich, Weiterempfehlungen werden wahrscheinlicher, die potenziellen Gäste verbinden mit dem Anbieter und dem Angebot einen Mehrwert und sind eher bereit, einen Vertrauensvorschuss zu gewähren und auch neue Angebote zu testen oder Zusatzangebote anzunehmen.

Lohnt sich Qualitätsmanagement für kleine Anbieter?

Eine Argumentation, die gerade von kleineren Anbietern im Gastgewerbe gerne angebracht wird, wenn es um das Thema Qualitätssicherung geht, betrifft die Kosten für die Implementierung eines Qualitätsmanagement-Prozesses. Zwar wird nicht in Abrede gestellt, dass die großen Ketten entsprechende Systeme längst installiert haben und damit zum Teil gute Erfolge erzielen. Für einen kleinen Anbieter würden die erzielbaren Vorteile jedoch von den entstehenden Kosten direkt wieder aufgefressen werden.

Erfahrung und gesunder Menschenverstand?

Weiter wird dann gerne argumentiert, dass das eigene Haus überschaubar sei und man die Qualität schon allein durch langjährige Erfahrung und gesunden Menschenverstand »im Griff« habe. Dem muss allerdings entgegnet werden, dass gerade im Alltagsgeschäft die Gefahr groß ist, dass die gewollte und angedachte Qualität im Einzelfall von den Mitarbeitern unter Umständen nicht gelebt wird und dann auf der Strecke bleibt, wenn die Hektik groß und die Zeit knapp ist.

Die Entwicklung eines QM-Systems kann in drei Phasen unterteilt werden:

- Evaluierungsphase
- Implementierungsphase
- Einsatzphase

In der **Evaluierungsphase** entstehen zweifellos erhöhte Kosten durch die Analyse des Ist-Zustandes und der Prozesse, durch die Schwachstellenanalyse und die Entwicklung eines optimierten Vorgangsmodells. Bei der Entwicklung dieses Vorgangsmodells ist darauf zu achten, dass die Prozesse und Verfahren für die Größe des Unternehmens und seine Organisationsstruktur geeignet sind.

Die in der **Implementierungsphase** entstehenden Kosten bestehen vor allem in Schulungskosten für das Personal sowie unter Umständen Kosten für neue Softwaresysteme, die das QM unterstützen.

Ist das QM-System im **Einsatz**, so entstehen kaum mehr laufende Kosten. Durch die höhere Qualität wird jedoch der Umsatz und der CLV mit den Gästen optimiert und die Effizienz gesteigert, Kosten für die nachträgliche Fehlerbehebung oder die Entschädigung enttäuschter Kunden sinken bzw. entfallen ganz.

Aufgabe

Prüfen Sie die Rahmenbedingungen für den Einsatz eines QM-Systems in Ihrem Unternehmen. Welche Befürworter gibt es, welche Widerstände existieren? Finden Sie Beispiele aus der näheren Vergangenheit, bei denen Qualitätsmängel durch ein leistungsfähiges QM-System hätten vermieden werden können.

In der Summe können wir damit festhalten: Es lohnt sich! Allerdings ist Qualitätsmanagement kein Selbstzweck und kein modernes Management-Spielzeug. Realisiert werden sollte deshalb nur, was in der Praxis wirklich genutzt wird und zu Verbesserungen und Optimierungen führt. Dazu ist eine Zertifizierung nicht unbedingt notwendig.

Teil 2: Grundlagen des Qualitätsmanagements

Dienstleistungsqualität (oder auch Servicequalität) ist ein Begriff der Betriebswirtschaftslehre und bezeichnet den »Grad der Zielerreichung einer Beauftragung einer Dienstleistung«. Im Grunde beauftragt Sie der Gast also, alles zu unternehmen, damit er einen angenehmen Urlaub (oder zumindest die erholsame Nächtigung) verleben oder das luxuriöse Dinner mit Freunden genießen kann.

Dabei kann man zwischen objektiver und subjektiver Dienstleistungs- beziehungsweise Servicequalität unterscheiden:

- **Objektive Dienstleistungs- bzw. Servicequalität** ist die konkret messbare Übereinstimmung des Ergebnisses mit dem vorab definierten Nutzen: z.B. erholsamer Schlaf, bekömmliches und ausreichendes Essen, für das Firmenmeeting passende Einrichtung.
- **Subjektive Dienstleistungs- bzw. Servicequalität** ist die vom Gast empfundene Übereinstimmung des Ergebnisses mit dem anvisierten Nutzen; diese Empfindung ist überlagert von der Ausgangsvorstellung sowie vom Geschick des Anbieters, das Arbeitsergebnis positiv zu verkaufen.

Objektive Kriterien versus subjektive Empfindung

Da die Messbarkeit der Übereinstimmung wesentlich von der Genauigkeit der Definition von Zielanforderungen abhängt, sind objektive Kriterien im Gastgewerbe selbst auf Seiten des Gastes häufig nur rudimentär vorhanden (Dauer, Budget, generelle Verfügbarkeit ...). Viele andere vermeintlich objektiv messbare Qualitätskriterien stellen sich letztlich als subjektiv heraus.

Außerdem kann es passieren, dass sich ein definiertes Ergebnis als nicht erreichbar erweist: Der Gast lädt Familie, Freunde und Bekannte zu einem tollen Sushi-Abend ein, doch einige der Gäste können mit den japanischen Speisen so gar nichts anfangen. Dann wäre das bestmögliche erreichbare Ergebnis objektiv optimal, aber für den Gast subjektiv dennoch unbefriedigend und somit mängelbehaftet.

2.1 Eine Definition von »Qualität«?

Dementsprechend schwierig ist der Versuch, eine geschlossene Definition für Qualität zu finden. Dr. William Edwards Deming, einer der Wirtschaftspioniere im Bereich des Qualitätsmanagements, wird mit den Worten zitiert:

> »Good quality does not necessarily mean high quality. It means a predictable degree of uniformity and dependability with a quality suited to the market.«

Angemessene Qualität

Dieses Zitat macht schon einen wichtigen Aspekt deutlich: Umgangssprachlich wird »Qualität« immer mit »hohe Qualität« verbunden. Tatsächlich ist es für den Anbieter jedoch wichtig, nicht die allgemein bestmögliche Qualität zu erzielen, sondern eine angemessene Qualität, die von der Zielgruppe akzeptiert wird und dauerhaft gewährleistet werden kann.

Nach DIN EN ISO 8405 aus dem Jahr 1995 ist Qualität schlicht die *Gesamtheit von Merkmalen einer Einheit bezüglich deren Eignung, festgelegte und vorausgesetzte Erfordernisse zu erfüllen*. Dummerweise befreit das den Anbieter nicht davon, sich über diese Erfordernisse klar zu werden. Ob er dann mit seiner Festlegung auch die Erwartungen der Gäste getroffen hat, erweist sich gegebenenfalls erst im Nachhinein.

Viele Einzelaspekte im Zusammenspiel

Erschwerend kommt hinzu, dass sich die Dienstleistung im Gastgewerbe häufig aus einer Vielzahl von Einzelkomponenten zusammensetzt: Der Gast bewertet nicht nur, ob der Salat frisch, schmackhaft und preisgünstig war, sondern auch, wie er serviert wurde, ob nicht zu viel Zeit bis zur Bestellaufnahme oder zwischen Bestellung und Servieren verging, ob Besteck und Tischdecke sauber sind, ob das Personal freundlich, die Atmosphäre angenehm, die anderen Gäste gefällig und die Raumtemperatur recht war. Und das ist nur die Spitze des Eisbergs.

Wirtschaftlichkeit und die Sicht des Gastes

Auch darf nicht vergessen werden, dass der Anbieter als wirtschaftendes Subjekt ebenfalls Qualitätsanforderungen an die gleiche Dienstleistung stellt. Die von ihm geforderten Kriterien sind nicht in allen Punkten deckungsgleich mit der Sicht des Gastes, sondern für ihn stehen wirtschaftliche Aspekte im Mittelpunkt. So kann es passieren, dass der mit viel Liebe zubereitete Espresso vom Gast Bestnoten bekommt, der Anbieter aber bemängeln muss, dass der Vorgang nicht effizient durchgeführt wurde und so zu viele Ressourcen gebunden und folglich zu hohe Kosten verursacht hat.

Die Dienstleistungsqualität kann sich daher auf das Dienstleistungs**potenzial**, den Dienstleistungs**prozess** oder das Dienstleistungs**ergebnis** beziehen. So kann unter Potenzialqualität z.B. die Qualifikation von Mitarbeitern verstanden werden, unter Prozessqualität z.B. die Schnelligkeit der Leistungserbringung und unter Ergebnisqualität z.B., inwieweit die Leistung den Wünschen des Kunden entsprochen hat.

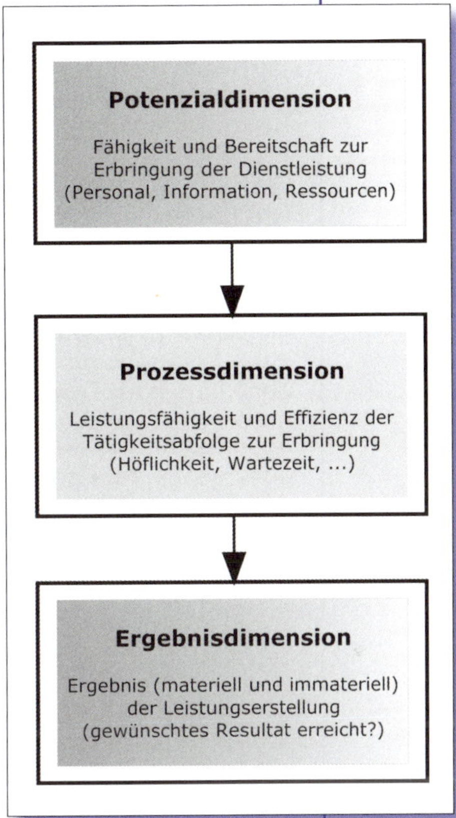

Abb.: Das Drei-Dimensionen-Modell: Potenzialdimension, Prozessdimension und Ergebnisdimension bauen aufeinander auf: Ohne ausreichende Befähigung und leistungsfähige Prozesse kann kein erstklassiges Ergebnis entstehen.

Die **Potenzialdimension** umfasst die Fähigkeit (Können) und die Bereitschaft (Wollen), eine Dienstleistung zu erbringen. Hier kann unter anderem der Anbieter auch einschreiten und festlegen, dass eine bestimmte Serviceleistung z.B. aus Kosten-, Ausstattungs- oder Qualifikationsgründen nicht erbracht werden soll. Der Wunsch eines Gastes kann so beispielsweise auch daran scheitern, dass das Unternehmen nicht die technischen oder organisatorischen Möglichkeiten hat, die gewünschte Leistung erwartungsgemäß zu erbringen.

Die **Prozessdimension** bezieht sich auf die Abfolge der Tätigkeiten, die der Leistungserstellung dienen. Ein umständlicher Prozess kann trotzdem zum gewünschten Resultat führen, der Gast kann sich aber unter Umständen an der Ausführung (insbesondere dem verbundenen Aufwand oder der zeitlichen Komponente) stören. Muss der Angestellte erst die Espressomaschine einschalten, vorheizen und mit Wasser befüllen, dann kann das resultierende Getränk als erstklassig, die Wartezeit (Prozessdimension) aber als letztklassig bewertet werden.

Die **Ergebnisdimension** fokussiert auf das Resultat der Leistungserbringung, das in materieller oder immaterieller Form den Gast erreicht. Das kann nicht nur dazu führen, dass wie im obigen Beispiel die Wartezeit (Prozess) bemängelt, der Espresso (Ergebnis) aber gelobt wird – auch der umgekehrte Fall ist denkbar: Der Espresso wird in Windeseile zubereitet (Prozess), schmeckt aber wie Spülwasser (Ergebnis).

Ausgewogenes Verhältnis als Ideal

Im Idealfall werden Potenzial-, Prozess- und Ergebnisqualität zu gleichen Teil als sehr gut oder exzellent bewertet. Generell fällt der klassische Qualitätsbegriff immer wieder darauf zurück, dass die Erfüllung von festgelegten oder vorausgesetzten Erwartungen der Kunden an Produkt oder Serviceleistung bewertet wird.

Allerdings entwickelt sich zunehmend auch ein Konsens darüber, dass neben der vom Kunden wahrgenommenen Qualität auch der Anbieter, die Mitarbeiter, Partner und Investoren eigene, zum Teil sich widersprechende Qualitätsansprüche stellen und Qualitätsbewertungen vornehmen.

Aufgabe

Analysieren Sie, welche Elemente jeweils zur Potenzial-, Prozess- und Ergebnisqualität in Ihrem Unternehmen gezählt werden müssen.

Potenzialdimension	Prozessdimension	Ergebnisdimension

2.2 Historische Entwicklung des Qualitätsmanagements

Der Bereich Qualitätssicherung und Qualitätsmanagement hat in der Industrie eine lange Tradition und Entwicklung hinter sich. Die Entwicklungsschritte, die das Thema in der Industrie durchlaufen hat, liefern einige wichtige Hinweise hinsichtlich der Aufgaben und Zielsetzungen des Qualitätsmanagements:

Ergebnisse wurden überprüft

Um 1900 wurden die ersten gezielten Maßnahmen zur Qualitätskontrolle in der damals aufstrebenden Automobilindustrie unternommen: Die Qualitätskontrolle hatte die Aufgabe, fehlerhafte Produkte auszusortieren, sodass sie nicht mehr zum Kunden gelangten beziehungsweise nicht in der weiteren Fertigung zum Einsatz kamen. Ab 1930 wurde zudem die Qualitätsprüfung eingeführt. Ihre Aufgabe ist es, durch statistische Verfahren festzustellen, inwieweit eine Produktionseinheit die Qualitätsforderung erfüllt. Die Prüfung findet je nach Einsatzgebiet anhand harter Fakten oder subjektiver Empfindungen statt.

Prozesse werden analysiert

Mit zunehmender Industrialisierung wurde jedoch deutlich, dass hier nur Symptome, nicht aber die Ursachen bekämpft wurden, die für die Mängel verantwortlich waren. Trotzdem dauerte es bis 1960, bis vorbeugende Qualitätssicherungsmaßnahmen in größerem Stil zum Einsatz kamen. Hierbei werden die Prozesse und Produktionshilfsmittel mit in die Planung einbezogen. Lag der Schwerpunkt zuvor auf der Inspektion und Kontrolle, so verlagerte er sich nun auf die Verbesserung von Prozessen und Arbeitsabläufen.

Gesamtsicht auf Produkt, Prozess, persönliche Verantwortung

Ab 1985 entstanden daraus weitergehende, ganzheitliche Qualitätsmanagement-Konzepte, bei denen die Qualität als Zielsetzung für jeden einzelnen Mitarbeiter festgeschrieben wurde. Kerngedanke des Qualitätsmanagements: Angefangen vom Management und den Entwicklungsingenieuren bis hin zu jedem einzelnen Mitarbeiter ist jeder für die Qualität seiner Arbeit verantwortlich (und kann auch dafür zur Verantwortung gezogen werden). Das bedeutet, dass jeder seine Arbeit selbst zu überprüfen hat, bevor er die Verantwortung beziehungsweise das Produkt weiterreicht. Jeder Einzelne muss also:

- das Richtige tun und
- es beim ersten Mal richtig machen.

Aus diesem Verständnis heraus haben sich Konzepte wie Six Sigma und TQM (Total Quality Management) entwickelt, die heute in der Industrie großen Zuspruch finden.

Erst seit relativ kurzer Zeit besteht auch in den Dienstleistungsbereichen weitgehende Einigkeit darüber, dass Qualität auch hier aktiv gemanagt und kontrolliert werden muss. Wichtige **Kriterien der Dienstleistungs- bzw. Servicequalität** umfassen demnach:

- Kompetenz (**Competence**)
- Höflichkeit (**Courtesy**)
- Glaubwürdigkeit (**Credibility**)
- Sicherheit (**Security**)
- Kontaktbequemlichkeit (**Access**)
- Kommunikation (**Communication**)
- Verständnis (**Understanding**)
- Materielles Umfeld (**Tangibles**)
- Zuverlässigkeit (**Reliability**)
- Reaktion (**Responsiveness**)

Diese Aufzählung zeigt, dass es hier um wesentlich mehr als um Fehlerfreiheit und die Abwesenheit von Komplikationen geht. Die meisten Faktoren, die zur Ermittlung der Dienstleistungsqualität von den Gästen herangezogen werden, sind subjektiv.

Daher sind auch die in der Industrie etablierten Qualitätswerkzeuge im Dienstleistungsbereich nur begrenzt anwendbar (siehe auch Kapitel 4), da wesentlich seltener mit Messgrößen gearbeitet werden kann, dafür umso häufiger Meinungen, Einschätzungen und subjektive Bewertungen zu berücksichtigen sind.

Aufgabe

Stellen Sie für jedes der zehn Kriterien zusammen, wie Sie vom Gast wahrgenommen werden wollen und wie Sie seiner Erwartungshaltung in diesen Kriterien begegnen möchten:

Kompetenz (Competence) ______________________

Höflichkeit (Courtesy) ______________________

Glaubwürdigkeit (Credibility) ______________________

Sicherheit (Security) ______________________

Kontaktbequemlichkeit (Access) ______________________

Kommunikation (Communication) ______________________

Verständnis (Understanding) ______________________

Materielles Umfeld (Tangibles) ______________________

Zuverlässigkeit (Reliability) ______________________

Reaktion (Responsiveness) ______________________

2.3 ISO 9000/9001

Fällt der Begriff Qualitätssicherung bzw. Qualitätsmanagement, so muss zwangsläufig auch die Norm ISO 9000, genauer: die ISO 9001:2000, beziehungsweise die korrespondierende Europäische Norm EN 29000 erwähnt werden.

Bescheinigt Einrichtung eines QMS

Tatsächlich ist die Umsetzung der ISO-Norm und erst recht die Zertifizierung nicht notwendig, um einen hohen Qualitätsstandard zu erfüllen. Zudem wird durch die Zertifizierung auch nicht bescheinigt, dass die Produkte und Dienstleistungen von hoher Qualität sind, sondern vielmehr, dass das Unternehmen ein leistungsfähiges QM-System implementiert hat: Die ISO 9001 legt allein die internationalen Forderungen an die Gestaltung von QM-Systemen fest.

Im Fokus der Norm ISO 9001:2000 stehen allerdings Werte und Objekte, die entscheidend dafür sind, dass eine Dienstleistung einerseits wirtschaftlich, andererseits für die Abnehmer qualitativ hochwertig erbracht werden kann. Dies sind:

- die Kundenorientierung
- der Prozessansatz und das Prozessmanagement
- das Ziel ständiger Verbesserung der Prozesse und des Managementsystems

Die Norm ISO 9001:2000 ist eine hervorragende Grundlage für ein unternehmensspezifisches Managementsystem und hat den Vorteil, kompatibel mit weiteren System-Normen und Anforderungen (zum Beispiel Umweltmanagementsystem, Arbeitssicherheit, Risikomanagement ...) zu sein. Die Zertifizierung ist dort von besonderem Interesse, wo (beispielsweise in der Automobilindustrie) eine enge Zusammenarbeit zwischen Hersteller und Zulieferern notwendig ist und aufgrund der Erfordernisse weder Zeit noch Möglichkeit für Einzelprüfungen gegeben sind (just in time) und wo unterschiedliche Systeme unternehmensweit ineinandergreifen müssen.

Zertifizierung bringt Vertrauensbonus

Im Einzelfall kann eine Zertifizierung auch im Gastgewerbe Sinn machen, da das Zertifikat potenzielle Gäste unter Umständen dazu veranlasst, dem Anbieter einen besonderen Vertrauensbonus zu gewähren. Zudem liefert die Norm ISO 9001:2000 ein wohlfundiertes und vielfach bewährtes Gerüst für den Aufbau eines QM-Systems.

2.4 Qualität aus Sicht des Gastes und des Anbieters

Geht es um die Absatzrelevanz (und die ist es zunächst, die für Unternehmen wichtig ist), so ist die Qualität aus Sicht des Gastes der entscheidende Faktor.

Dabei wurden schon in Kapitel 2.2 verschiedene Kriterien genannt, die die Dienstleistungsqualität maßgeblich bestimmen. Natürlich erwartet der Gast einen fehlerfreien Service, korrekte Behandlung, Komplikationsfreiheit usw. Aber selbst wenn für den Anbieter alles perfekt gelaufen scheint, kann der Gast trotzdem unzufrieden sein.

Erwartungen und Wahrnehmung

Für ihn ergibt sich der Grad der Zufriedenheit (oder Unzufriedenheit) aus der wahrgenommenen Realisierung abzüglich seiner Erwartung an die Dienstleistung. War die Erwartung größer, so ergibt sich ein negativer Gesamteindruck.

Mit einem »Mehr« auf der sicheren Seite

Dumm für Sie als Anbieter ist nun, dass Sie die Erwartungen des Gastes nur zum Teil erahnen können – Sie kennen sie nicht wirklich und schon gar nicht umfassend. Letztlich heißt das, dass Sie erst dann »auf der sicheren Seite« sind, wenn Sie ein Mehr an Qualität und Service gegenüber den Wettbewerbern und dem »Branchenüblichen« bieten.

2.4.1 Auch der Zeitpunkt ist relevant

Halt – Stooopp! So einfach ist es leider dann auch nicht (obwohl das schon schwer genug ist) ... für Ihren Gast zählt nämlich noch ein weiterer Faktor, der gerade im Gastgewerbe immer mal wieder sträflich vernachlässigt wird: Zeit. Oder genauer: prompter Service und schnelle Reaktion der Mitarbeiter.

Dabei ist es schon ärgerlich genug, wenn der Hotelgast beim Check-in warten musste oder er beim Restaurantbesuch eine halbe Stunde vor seinem leeren Glas sitzen musste, bevor er das zweite Pils bestellen konnte.

Was am Ende des Gästekontaktes passiert, beeinflusst den Gesamteindruck

Fatal wird es aber, wenn solche Gegebenheiten am Schluss des Besuches auftreten. Wenn der Check-out ewig dauert oder der Gast längst auf dem Sprung ist, aber die Bedienung partout nicht die Restaurantrechnung bringt und kassiert, wirkt dies noch lange nach und beeinflusst die Wahrnehmung des Besuches nachhaltig, auch wenn sonst alles in Ordnung war.

Ihr Erfolgspotenzial

Psychologisch sollte der Besuch des Gastes daher *immer* einen positiven Abschluss finden. Es ist Ihre Aufgabe, sich hierfür etwas einfallen zu lassen – das kann eine kleine Überraschung sein, ein Gutschein für den nächsten Besuch oder auch einfach ein freundliches Lächeln und eine individuelle Verabschiedung.

Passiert hingegen zwischendurch ein Fauxpas, endet der Besuch aber mit einem positiven Erlebnis, so wird das aufgetretene Problem eher als weniger bedeutsam empfunden. Das führt uns gleich zum nächsten Punkt, mit dem Sie manchmal einiges wettmachen können.

2.4.2 Reklamationsbearbeitung

Fehler sind nie auszuschließen

Natürlich kann immer mal etwas schiefgehen. Vielleicht war tatsächlich der Wurm drin. Oder es gab einfach ein Missverständnis zwischen dem Gast und Ihnen beziehungsweise Ihren Mitarbeitern.

Dann kann zweierlei passieren:

- **Der Gast beschwert sich.** Wichtig ist es jetzt, die Chance zu erkennen und dem Gast zu zeigen, dass Ihnen an seinem Wohlbefinden gelegen ist. Wenn sich ein Gast beschwert, tut er Ihnen einen großen Gefallen: Er macht Sie auf einen (subjektiv empfundenen) Missstand aufmerksam! Honorieren Sie die Mühe, die sich der Gast macht – er hätte auch aufstehen und gehen können … oder alles in sich hineinfressen und anschließend im Internet einen vernichtenden Kommentar zu seinem Besuch bei Ihnen veröffentlichen können. (Gut, das kann er noch immer. Schon allein deshalb sollten Sie versuchen, auf seine Beschwerde einzugehen und eine Lösung zu finden.) Selbst wenn Sie der Meinung sind, die Beschwerde entbehre jeder Grundlage, so ist sie doch hilfreich für Sie: Zumindest deutet sie auf eine Diskrepanz zwischen der Erwartung des Gastes und der wahrgenommenen Leistung hin. Unter Umständen liegt ein Kommunikationsproblem vor – Ihr Angebot ist nicht eindeutig formuliert, der Gast gehörte nicht zur intendierten Zielgruppe usw.
- **Der Gast beschwert sich nicht.** Gut? Nein – ganz schlecht. Denn dann entgeht Ihnen die Chance, den Grund der Unzufriedenheit zu analysieren und bei Bedarf abzustellen. Deshalb ist es wichtig, dass jeder Mitarbeiter darauf achtet, ob er

Anzeichen für Unzufriedenheit bei einzelnen Gästen entdeckt. Untersuchungen gehen davon aus, dass sich bis zu 85 Prozent der unzufriedenen Gäste nicht beschweren!

Die Art der Reklamationsbearbeitung und die Form der Problemlösung bestimmen, wie sich der Gast »behandelt« fühlt. Wahrscheinlich hat jeder schon einmal die Erfahrung gemacht, dass die Reklamationsbearbeitung das Problem nur verschlimmert, nicht aber verbessert hat: Mitarbeiter, die unwillig die Beschwerde aufnehmen, aber gar nicht nach einer Lösung suchen – oder noch schlimmer: die den Gast abkanzeln und das Erlebte als völlig normal und die Darstellung des Gastes als überzogen betrachten und dies deutlich zeigen.

Gästebindung trotz Beschwerde

Die Reklamationsbearbeitung ist daher von entscheidender Bedeutung. Erfolgt sie professionell und mit Fingerspitzengefühl, kann aus dem enttäuschten Gast der beste Fürsprecher werden. Geht aber auch die Reklamationsbearbeitung aus Sicht des Gastes in die Hose, so ist quasi sichergestellt, dass er dieses Erlebnis warnend noch seinen Enkeln und Urenkeln erzählen wird.

Aus diesem Grund habe ich diesem Thema im Rahmen der Vorstellung der D7, der sieben Qualitätswerkzeuge für den Dienstleistungsbereich, besondere Bedeutung beigemessen (Kapitel 4.2).

Aufgabe

Machen Sie eine Bestandsaufnahme Ihrer Reklamationsbearbeitung: Wer ist für die Annahme, für die Bearbeitung und die Behebung von Problemen und Mängeln zuständig, die von den Gästen moniert werden? Ist der Prozess klar geregelt, gibt es Ansprechpartner für den Gast, wie wird mit den Reklamationen verfahren?

Werden die Reklamationen nur dazu genutzt, das akute Problem zu beseitigen, oder gehen Sie den Ursachen auf den Grund und stellen diese ab?

2.4.3 Gästedialog

Aber auch wenn die Reklamationsbearbeitung eine gute Chance bietet, das Ruder noch herumzureißen:

- Darauf anlegen sollten Sie es nicht. Frei nach dem Motto: »Do it right the first time!«

- Und: Bis zu 85 Prozent der unzufriedenen Gäste beschweren sich vermutlich gar nicht bei Ihnen!

Für Sie bedeutet das daher, dass Sie alles daran setzen müssen, bereits vorab sicherzustellen, dass Sie die Erwartungshaltung Ihrer Gäste kennen und adäquate Angebote dafür bereit halten. Nachträglich Probleme zu beheben sollte die absolute Ausnahme sein.

Befragungen und Bewertungen

Damit bleibt Ihnen gar nichts anderes übrig, als den Kontakt zu den Gästen zu suchen. Befragen Sie sie, veranstalten Sie Ideenwettbewerbe, lassen Sie Gäste Ihre Serviceleistungen und Ihre Qualität bewerten.

Keine Scheu vor den Rückmeldungen: Wenn Sie negatives Feedback bekommen, war das Urteil eh schon vorher gefallen. So aber erfahren Sie wenigstens davon und können für die Zukunft reagieren. Ansonsten hätten Sie gar nicht davon erfahren.

Aber Sie werden auch positives Feedback erhalten. Vielleicht können Sie (die Erlaubnis vorausgesetzt) einige Aussagen sogar für Ihr Marketing nutzen. Dann hätte sich die Aktion sofort gelohnt. Aber das positive Feedback können Sie auch gezielt auswerten, um herauszufinden, welche Serviceaspekte und Qualitätskriterien Ihren Gästen besonders am Herzen liegen.

Aufgabe

Gestalten Sie einen einfachen Feedbackbogen, lassen Sie diesen an Ihre Gäste austeilen und verbinden Sie die Teilnahme mit einem kleinen Gewinnspiel. So können Sie in kurzer Zeit und mit wenig Aufwand ein Stimmungsbild ermitteln.

In Kapitel 4 werden Sie noch weitere Möglichkeiten kennenlernen, Gästemeinungen zu erfassen und gezielt auszuwerten.

Gäste wollen als Individuen wahrgenommen werden

Sich als Anbieter für die Belange der Gäste offen zu zeigen, wird von diesen zudem immer positiv aufgenommen. Zu häufig hat man als Gast den Eindruck, nicht als Person mit individuellen Wünschen und Bedürfnissen wahrgenommen zu werden, sondern nur Teil einer Massenabfertigung zu sein, bei der der Einzelne keine Bedeutung hat.

Natürlich können Sie auch Personen befragen, die (noch) nicht zu Ihren Gästen gehören. Professionell und dementsprechend aussagekräftig werden die Ergebnisse, wenn Sie damit ein Marktforschungsinstitut beauftragen – leider aber auch entsprechend kostspielig. Mit etwas Kreativität und wenn es Ihnen mehr um ein Stimmungsbild geht als um repräsentative Aussagen, können Sie beispielsweise einen kurzen Fragebogen ins Internet stellen, der von allen Interessenten beantwortet werden kann. Oder Sie schaffen einen Anreiz, dass Gäste im Freundes- und Bekanntenkreis Meinungen einholen und für den entstehenden Aufwand eine kleine Kompensation erhalten.

Auch Mitarbeiter und Partner fragen!

Und wenn Sie schon dabei sind: Fragen Sie doch gleich auch mal Mitarbeiter und Geschäftspartner nach deren Eindruck. Und wenn diese Nachteile aufgrund ehrlicher Beantwortung befürchten, können sie ja auch anonym teilnehmen.

2.4.4 Erwartung versus Realität

Wer etwas verspricht, das er nicht halten kann, kann den Rest noch so perfekt erledigen: seine Gäste werden immer enttäuscht sein. Daher muss das Marketing sich natürlich an der Realität orientieren und nicht am persönlichen Wunschdenken.

Überzogene Erwartungen des Gastes

Trotzdem und bei aller Fokussierung auf Qualität und Kundenbedürfnisse kann man es als Anbieter nicht jedem Gast recht machen. Die eierlegende Wollmilchsau im Gastronomiebereich gibt es nicht. Als Anbieter bedeutet das für Sie, dass Sie klar zwischen echten Mängeln und überzogenen Erwartungen seitens des Gastes differenzieren müssen: Wer ein All-you-can-eat-Büfett für 15 Euro besucht, kann nicht erwarten, dass es Hummer und Kaviar bis zum Abwinken gibt. Nun ja: Er kann es vielleicht schon erwarten, aber finden wird er das passende Angebot nicht.

So gibt es immer wieder notorische Nörgler, denen man einfach nichts recht machen kann. Wichtig ist:

- dass solche Fälle erkannt werden;
- dass solche Fälle nicht die Motivation des Personals zerstören.

Ihr Erfolgspotenzial

Gleichzeitig muss jedoch alles unternommen werden, um berechtigte Kritik nicht nur ernst zu nehmen und eine Lösung für den Gast zu erarbeiten, sondern auch, um das Problem dauerhaft abzustellen. Nichts ist schlimmer, als wenn der Gast, der einmal ein Problem hatte, das man aufwändig beseitigen konnte, beim nächsten Besuch in das gleiche Problem hineinläuft. Für den Gast würde das nicht nur suggerieren, dass der

Anbieter die eigenen Prozesse nicht im Griff hat, sondern auch, dass die scheinbar so bemühte Problembehebung in Wirklichkeit nur aufgesetzt war und das Unternehmen gar nicht daran interessiert ist, solche Problemfelder auszuräumen.

2.4.5 Wertesystem

Aber selbst wenn die handwerklich-technische Qualität stimmt, es zu keinen (offensichtlichen) Problemen kommt und auch die zeitliche und soziale Komponente bei der Leistungserbringung ausreichend berücksichtigt wurde, können beim Gast Enttäuschung und sogar Ärger entstehen.

Kulturen und Mentalitäten

Das ist vor allem dann der Fall, wenn der Gast ein anderes Wertesystem hat, als es vom Anbieter verkörpert und von den Angestellten gelebt wird. Am ehesten passiert das bei Gästen aus fremden Kulturkreisen: Sie können sich durch religiöse Symbole, durch Gesten und unbedachtes Verhalten verletzt fühlen. Auch können Vegetarier und Veganer irritiert und verstört reagieren, wenn am Nebentisch ein Spanferkel serviert wird.

Einige Anbieter reagieren gezielt auf solche Situationen und entwickeln daraus Nischenangebote für bestimmte Zielgruppen, die vom kinderfreien Hotel über das koschere Restaurant bis hin zum veganen Wellness-Wochenende reichen.

Gleich und Gleich

Unterschiedliche Wertesysteme gibt es jedoch viel häufiger als auf den ersten Blick ersichtlich. Tatsächlich fühlen sich Gäste dann besonders wohl, wenn sie sich in Gesellschaft von Personen befinden, die das gleiche Werteempfinden teilen. Treffen unterschiedliche Gruppen aufeinander, so kann dies zu Problemen führen.

So wird das entspannende Abendessen in der an die Pension angeschlossenen Gastwirtschaft auf eine harte Probe gestellt, wenn am Nebentisch der örtliche Stammtisch lautstark seinen Skatabend veranstaltet. Und die freundlichen Senioren aus Zimmer 284 sind zwar äußerst nett, gesellig und agil, ärgern sich aber, wenn die Clique eine Etage tiefer ihr bestandenes Abitur mit einem nächtlichen Trinkgelage feiert.

Aufgabe

Identifizieren Sie Ihre unterschiedlichen Gästesegmente und ordnen Sie diesen jeweils die Werte zu, die diesen Gästen besonders wichtig sind. Wie werden diese Wertevorstellungen in Ihrer Prozess- und Angebotsausgestaltung berücksichtigt und gezielt adressiert?

Die von den Gästen verkörperten Wertesysteme unterscheiden sich unter Umständen deutlich voneinander. Um mögliche Probleme zu reduzieren, ist daher eine Zielgruppenorientierung wichtig: Gleiche Zielgruppen bedeuten weitgehend ähnliche Wertewelten, so dass Probleme seltener auftreten.

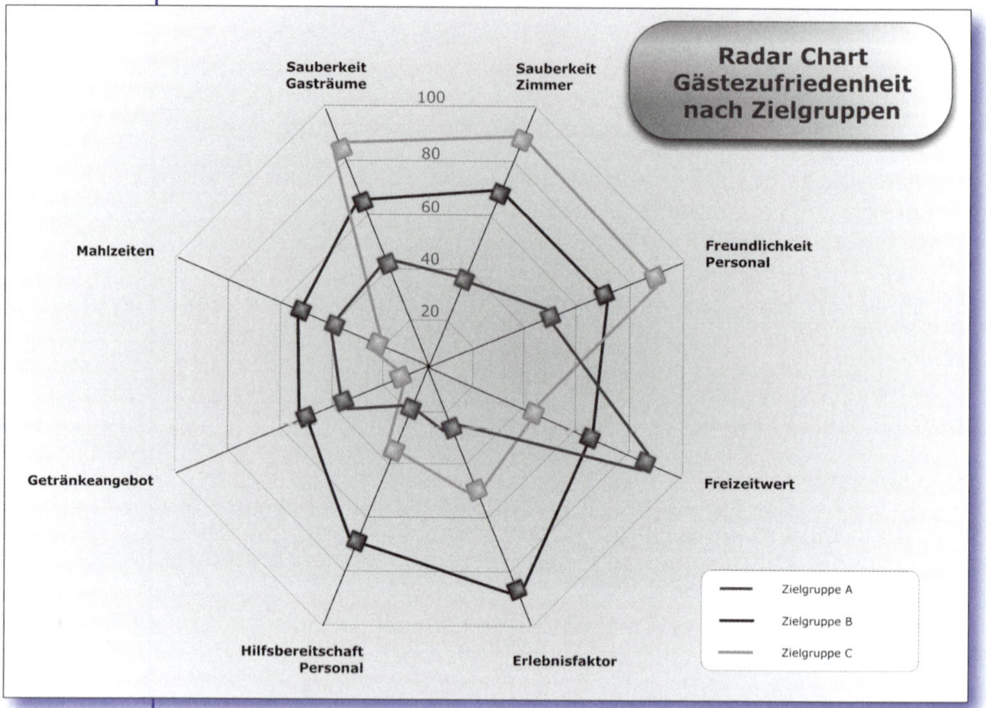

Abb.: Gästezufriedenheit nach Zielgruppen. Unterschiedliche Zielgruppen können einzelne Serviceparameter ganz unterschiedlich bewerten.

2.4.6 Große Mängel – kleine Mängel

Tunlichst sollte das Personal die vom Gast empfundenen Mängel auch nicht kleinreden. Allein der Gast entscheidet, wie schwerwiegend ein Mangel für ihn in materieller wie emotionaler Hinsicht ist.

Daher ist es wichtig, jeden empfundenen Mangel und jede Reklamation gleichermaßen ernst zu nehmen und mit Sorgfalt zu bearbeiten. Die Schwere des Mangels aus Sicht des Anbieters ist ein anderer Aspekt, der aber vor dem Gast verborgen bleiben sollte.

2.5 Objektive Qualität? Fremdbewertung

Ist Qualität messbar? Gibt es in Hotel und Restaurant eigentlich so etwas wie »objektive« Qualitätskriterien? – Solche Fragen werden immer wieder gestellt, wenn es um die Qualität einer Dienstleistung geht.

2.5.1 Gesetzlicher Rahmen

Natürlich gibt es gesetzliche Vorschriften, vor allem, wenn es um den Bereich der Lebensmittelverarbeitung geht.

HACCP (Hazard Analysis and Critical Control Point) ist beispielsweise ein Konzept, mit dem die Qualität von Lebensmitteln systematisch gesichert wird, um Gefährdungen für den Konsumenten auszuschließen. Es ist für alle Unternehmen, die Lebensmittel gewerbsmäßig herstellen, behandeln und/oder in Verkehr bringen, gesetzlich vorgeschrieben.

Auch sonst muss sich das Angebot und seine Erbringung in bestimmten gesetzlichen Bahnen bewegen – zumindest bei uns: In Asien kann es durchaus einmal vorkommen, dass das »Restaurant« oder die »Herberge« nicht den westeuropäischen Anforderungen entsprechen würde.

Gesetzlicher Rahmen deckt nur Teilbereiche

Aber die gesetzlichen Rahmenbestimmungen sind keinesfalls ausreichend, um einen akzeptablen Qualitätsstandard zu garantieren. Sie decken nur Teilbereiche der vom Gast erwarteten Kriterien ab und helfen ihm auch nicht dabei, einen Vertrauensvorschuss für ein Angebot aufzubauen oder Anbieter zu differenzieren.

2.5.2 Zertifizierungen, Bewertungssysteme und -kriterien

Vergleichbarkeit durch Sterne & Co.

Um dem Gast die Entscheidung für ein Unternehmen zu erleichtern, können unterschiedliche Bewertungssysteme herangezogen werden. Ihnen allen ist gemein, dass sie versuchen, eine gewisse Standardisierung und Vergleichbarkeit zu schaffen und besondere Top-Anbieter auszuzeichnen.

So gibt es beispielsweise die Klassifizierung nach Hotelsternen. Die Sterne der Deutschen Hotelklassifizierung signalisieren bereits am Eingangsbereich des Hotels, dass der Betrieb in einer international üblichen Kategorisierung mit bis zu fünf Sternen eingestuft wurde. Den Zusatz »Superior« erhalten Betriebe, die in ihrer Kategorie ein besonders hohes Maß an Dienstleistungen aufweisen.

Mit repräsentativen Gästebefragungen schafft der DEHOGA die Grundlage für regelmäßige Anpassungen der Kriterien an die sich stetig wandelnden Gästewünsche. Die Sterne behalten maximal drei Jahre ihre Gültigkeit. Die Deutsche Hotelklassifizierung ist seit über zehn Jahren das einzige offizielle Einstufungssystem für Hotels und Hotels garni in Deutschland. 8.200 Betriebe haben sich zwischen 1996 und 2007 klassifiziert, rund 40 Prozent des Gesamtmarktes.

Hotel-
klassifizierung

Mit 280 nachprüfbaren Kriterien sorgt die bundesweit einheitliche Hotelklassifizierung für Transparenz und bietet Hotelgästen eine Orientierungshilfe. Die Website **www.hotelsterne.de** bietet einen mehrsprachigen Online-Hotelführer mit allen klassifizierten Betrieben und dem kompletten Kriterienkatalog. Die Prüfkriterien für Hotelsterne umfassen die Bereiche:

- Gebäude/Raumangebot
- Einrichtung/Ausstattung
- Service
- Freizeit
- Angebotsgestaltung
- hauseigener Tagungsbereich

Neben der Deutschen Hotelklassifizierung existiert eine Vielzahl weiterer, anbieterbezogener Prüf- und Klassifizierungsverfahren. So haben zahlreiche Reiseführer eigene Bewertungsrichtlinien, Reisemagazine bewerten einzelne Hotels nach eigenen Kriterien mit eigenen Testern.

Restaurant-
kritiken

Ähnliches gilt im Restaurantbereich: Neben den Wertungen von Gault-Millau und Guide Michelin vergeben auch hier verschiedene Institutionen, Reise- und Gourmetführer sowie Journalisten Bewertungen und Empfehlungen.

Welche Kriterien hier zugrunde gelegt werden, ist dabei nicht immer transparent. Zumeist beruhen die Angaben und Bewertungen auf Tests, zu denen unter Umständen auch Selbstauskünfte des Anbieters kommen.

Online-
Bewertungen
durch Gäste

Wenig bis gar nicht werden allerdings die Gäste nach ihrer Meinung befragt. Aus diesem Manko hat sich in den vergangenen Jahren eine Vielzahl von Online-Angeboten entwickelt, die es jedermann erlauben, Anbieter zu bewerten. Zum Teil werden daraus Bestenlisten und Empfehlungen abgeleitet.

2.5.3 Professionelle Tester

Der normale Gast hat hinsichtlich einer objektiven Bewertung zweifellos den Nachteil mangelnder Professionalität – was aber nicht unbedingt bedeutet, dass seiner Beurteilung weniger zu trauen wäre.

Offizielle Klassifizierungssysteme arbeiten mit standardisierten Checklisten und Bewertungsskalen und verlassen sich auf das Urteil von Testern, die dies professionell tun. Der Vorteil liegt in der standardisierten Testmethode, die einen sinnvollen Vergleich der Ergebnisse ermöglicht. Dies fehlt dem Gast, der weder nach Checkliste vorgeht noch in der Regel Erfahrung mit der vergleichbaren Bewertung von Dienstleistungsangeboten hat.

Standardisierte Methoden

Ein Nachteil soll allerdings nicht unerwähnt bleiben: Ein Tester ist nicht gleich einem Gast! Will heißen, dass der Tester sein standardisiertes Testprogramm abspult, ihm aber individuelle Servicemängel unter Umständen verborgen bleiben, da er ja gar nicht mit individuellen Wünschen angereist ist.

Zu unterscheiden ist weiterhin zwischen angemeldeten Tests und unangemeldeten Tests.

Angemeldete Tests

Angemeldete Tests haben für den Anbieter den Vorteil, dass er sich darauf einstellen kann. So lassen sich gegebenenfalls noch einige Versäumnisse ausbügeln.

Generell sind angemeldete Tests nicht verwerflich. Schließlich werden Sie für den Tester kaum das halbe Hotel oder Restaurant umbauen und anschließend wieder in den alten Zustand zurückverwandeln. Das Testergebnis entspricht aber eventuell eher dem, was der angemeldete VIP, als dem, was der normale Gast zu erwarten hat. Schließlich wird sich das Personal besonders bemüht zeigen, schon allein um nicht selbst Gefahr zu laufen, eine schlechte Bewertung zu kassieren.

Ergebnisse kritisch bewerten

Unangemeldete Tests

Unangemeldete Tests erfassen zuverlässiger den tatsächlichen Ist-Zustand, da nicht vorab an entsprechenden Optimierungen gearbeitet werden kann.

Zuverlässigere Erfassung des Ist-Zustandes

Während angemeldete Tests jedoch auch Häusern ohne ausgeprägtes QM-System eine Chance bieten, hängt die Bewertung bei unangemeldeten Tests für solche Anbieter eher vom Zufall ab. Bei unangemeldeten Tests zeigt sich somit, ob das QM-System greift.

Als Anbieter können (und sollten) Sie selbst Gebrauch von anonymen Testern machen. So genannte Mystery Guests haben die Aufgabe, Angebot und Serviceleistung auf Schwachstellen hin zu untersuchen und die Servicequalität zu bewerten, ohne dass das Personal weiß, dass es sich um einen Tester handelt.

Mystery Guests nicht aus dem näheren Umfeld

Es gibt professionelle Mystery Guests, die diese Dienstleistung kommerziell anbieten. Unter Umständen reicht es aber auch schon aus, Verwandte oder Freunde um Mithilfe zu bitten. Dabei sollte es sich allerdings möglichst nicht um Verwandtschaft ersten Grades handeln, weil sonst das Personal zu schnell Verdacht schöpfen könnte.

Aufgabe

Erstellen Sie eine umfassende Checkliste für Ihr Unternehmen, mit der Ihre Mystery Guests auf die Suche nach Schwachstellen gehen können. Im Internet finden Sie Anregungen für solche Checklisten, wie sie in Tests von diversen Magazinen und Verbänden für die Bewertung von Gastronomie- und Hotellerie-Angeboten verwendet werden.

2.6 Selbstbewertung

Neben den vorgestellten Formen der Fremdbewertung ist auch die Selbstbewertung ein probates Mittel zur Qualitätsanalyse. Dabei wäre es völlig sinnlos, sich selbst zu belügen, denn spätestens der Gast merkt die vorhandenen Probleme sowieso.

Qualitative Analyse

Beschwerden auswerten

Die qualitative Analyse kann durch Eigen- und Mitarbeiterbefragung geschehen, aber auch auf der Basis erhobener Daten wie Häufigkeit und Art von Beschwerden erfolgen.

Die qualitative Analyse versucht eine Bewertung der eigenen Servicequalität im Vergleich zu anderen, früheren Perioden oder im Vergleich zu Konkurrenzangeboten oder Branchenvergleichsdaten. Konkrete Kriterien, die bei dieser Analyse untersucht werden können, lernen Sie in Kapitel 4 und 5 kennen.

Quantitative Analyse

Bei der quantitativen Analyse werden konkrete Messgrößen und betriebswirtschaftliche Kennzahlen zur Auswertung herangezogen. Ein einfacher Fall wäre der Vergleich der Fehlerhäufigkeit für eine bestimmte Problemklasse im Vergleich zum Vorjahres- oder Vormonatszeitraum. So kann ermittelt werden, ob Qualitätssicherungsmaßnahmen das gewünschte Resultat zeigen.

Soll-Ist-Vergleich

Ziele festlegen!

Ein wichtiges Hilfsmittel im Rahmen der Selbstbewertung ist der Soll-Ist-Vergleich. Hierzu ist es natürlich notwendig, klare Zielvorgaben für die zu untersuchenden Qualitätsmerkmale zu haben. Aber genau hierin liegt der Vorteil:

Ein Anbieter, der keine klare Zielvorstellung (und damit keine Soll-Vorgaben) hat, wird zum Spielball der Qualitätsanforderungen der Gäste. Nur durch klare Ziele kann gewährleistet werden, dass das Personal eine klare Vorstellung von den Unternehmenszielen hinsichtlich der Servicequalität hat.

Vergleichen

Eine weitere wichtige Form des Vergleiches ist der Vergleich verschiedener Angebotsformen miteinander. Diese Analyse kann strukturelle Probleme von angebotsspezifischen Problemen separieren helfen.

Trends und Zeitreihen

Zur Beurteilung des Erfolges von Qualitätssicherungs-Initiativen ist es zudem wichtig, verlässliche Trendanalysen und Zeitreihen aufstellen zu können. Dazu ist es notwendig, dass die verwendeten Parameter regelmäßig und immer mit den gleichen Methoden erhoben werden, um eine Vergleichbarkeit zu gewährleisten.

Gesamturteil und Optimierungsmaßnahmen

Aus den verschiedenen Elementen der Selbstbewertung, zu denen die nachfolgenden Kapitel umfangreiche Anregungen liefern, ist in der Folge ein möglichst objektives, wenn auch aus Anbietersicht gefärbtes Gesamturteil hinsichtlich der erreichten Servicequalität und der generellen Qualitätsfähigkeit des Unternehmens und seiner Prozesse abzuleiten.

Parallel dazu sollten erkannte Schwachstellen adressiert und Verbesserungen erarbeitet werden.

Teil 3: Versteckte Mängel aufspüren

Einige Mängel sind offensichtlich und halten potenzielle Gäste von vornherein davon ab, die Leistung in Anspruch zu nehmen. Nicht immer handelt es sich dabei um echte Qualitätsmängel, wenn z.B. das Angebot der ausgehängten Speisekarte den potenziellen Gästen so gar nicht zusagt, das Glas des Sichtkastens gesprungen, die Karte verwittert und schlecht lesbar ist. Und auch der ungepflegte, vertrocknete Blumenkübel im Eingangsbereich, die abblätternde Fassadenfarbe und der Rost an der Eingangstür sind eher grobe Versäumnisse als qualitative Mängel.

Der Gast beurteilt das Ganze

Ebenso wie bei Faktoren wie eine schlechte, unattraktive Lage, zu wenig Parkraum oder auch ein wenig attraktives Preisniveau handelt es sich dabei aus unternehmerischer Sicht möglicherweise nicht um Faktoren, die direkt der Qualität des Angebotes oder der Kernleistung zugeordnet werden können – doch wie an anderer Stelle bereits erwähnt, ist diese Differenzierung für den Gast von untergeordneter Bedeutung: Er beurteilt das gesamte Leistungspaket – inklusive solcher zum Teil externen Faktoren. Und gerade sie können zum entscheidenden Kriterium werden, wenn es darum geht, sich für oder gegen einen Besuch zu entscheiden.

Wer sich allerdings bewusst gegen den Besuch entscheidet, kann zumindest im Weiteren nicht mehr enttäuscht werden. Anders ist dies bei Interessenten, die den Vertrauensvorschuss aufbringen und tatsächlich zu Gästen werden. Im Rahmen dieses Kapitels geht es darum, versteckte Mängel zu identifizieren, die den Aufenthalt dieser Gäste negativ beeinflussen könnten.

3.1 Mängelarten

Qualitätsmängel können verschiedene Ursachen haben und sich unterschiedlich äußern. Obwohl jeder Mangel ein Ärgernis darstellt, schnellstmöglich aufgespürt werden sollte und für die Zukunft vermieden werden muss, ist es wichtig, zwischen verschiedenen Arten zu unterscheiden und Mängel zu klassifizieren.

Wichtig ist dabei das Verständnis dafür, zwischen Symptomen und Ursachen differenzieren zu müssen: Sind Gläser und Teller angestoßen und weisen Beschädigungen auf, dann hilft es nur temporär, diese auszusortieren. Wichtig ist die Ursachenforschung, woher die Beschädigungen stammen und warum sie auftreten. Die Erkenntnisse können beispielsweise dazu führen, das Geschirr gegen robusteres auszutauschen, das Handling zu verändern oder neue Vorschriften für die Be- und Entladung der Spülmaschine zu erlassen (und deren Einhaltung zu kontrollieren).

Ihr Erfolgspotenzial

Die Klassifikation nach verschiedenen Mängelarten hilft einerseits, das Bewusstsein für potenzielle Mängel zu schärfen, andererseits gibt sie aber auch Hinweise darauf, wo Ursachen zu suchen sind und wie Abhilfe geschaffen werden kann.

Zunächst ist es wichtig, zu unterscheiden zwischen

- **schleichenden Verschlechterungen** (z.B. angeschlagene Gläser, abgenutzte Ausstattung)
- **grundlegenden Versäumnissen** (z.B. kein italienisch sprechendes Personal, obwohl Werbung in italienischen Medien, kein WLAN im Seminarhotel)
- **fallweisen Versäumnissen** (z.B. der fehlende Strauß roter Rosen, den der Gast speziell geordert hatte; der fehlende Obstkorb, der Teil des gebuchten Arrangements gewesen wäre; das Dessert, das Teil des Menüs ist, aber erst nach mehrfacher Rückfrage des Gastes zubereitet wird)

Im Alltag kein Auge für den verblassenden Glanz

Mit schleichenden Verschlechterungen hat im Rahmen des Qualitätsmanagements jedes Restaurant und Hotel zu kämpfen. Das Problem besteht dabei im Erkennen der Mängel: Wer tagtäglich im eigenen Haus unterwegs ist, bemerkt die langsam vergilbende Farbe an den Wänden, die abgenutzten Sanitäranlagen und die ausgebleichte Speisekarte am Eingang erst dann, wenn es eigentlich schon zu spät ist.

Der Gast hat es da leichter, da er Räumlichkeiten und Service immer wieder aufs Neue wahrnimmt. Für den Hotelgast ist das Zimmer zunächst neu und fremd – er wird es mit anderen Augen wahrnehmen als das Housekeeping-Personal, das vor allem an der raschen Wiederherstellung eines Ordnungszustandes interessiert ist. Und dem Stammgast im Restaurant fällt es auch auf, wenn der

Grillteller vor zwei Monaten noch drei Speckstreifen hatte, heute aber nur noch von einem geziert wird.

Sind schleichende Veränderungen allerdings durch einen Soll-Ist-Vergleich aufzuspüren, so ist es für den Anbieter bei grundlegenden Versäumnissen ungleich schwerer, diese aufzudecken – zumindest, solange sich kein Gast aktiv beschwert.

Das Problem bei solchen grundlegenden Versäumnissen besteht darin, dass der Anbieter sich keiner Schuld bewusst ist. Dabei mag sein einmal geschnürtes Angebots- und Ausstattungspaket durchaus dem »State of the Art« entsprochen haben, als es konzipiert wurde. Mittlerweile aber kann sich die Anspruchshaltung der Gäste grundlegend gewandelt haben.

Beispiel

Papierschirmchen, Salatblatt, Dataport

Früher war alles ... anders. Kein Eisbecher ohne lustiges kleines Papierschirmchen, kein Teller ohne das obligatorische Salatblatt zur Dekoration. Wer heute seinen Gästen jedoch Vergleichbares bietet, wird eher verwunderte Blicke ernten: Die Zeit bleibt nicht stehen und was gestern noch zum Standard gehörte, kann morgen schon zum alten Eisen zählen.
Für Gastronomen und Hoteliers folgt daraus, dass sie ständig am Puls der Zeit bleiben müssen, wollen sie verhindern, von den Entwicklungen und den Erwartungen der Gäste überrascht zu werden. Dabei kann das Angebot hinsichtlich der objektiven Qualitätsansprüche durchaus einwandfrei sein – wer nicht mit der Zeit geht, dem wird subjektiv unterstellt, nicht mehr den modernen Ansprüchen zu genügen.

Zu den grundlegenden Versäumnissen zählt eben auch die ausbleibende Anpassung von Speisekarten, Angeboten und Dekorationen an moderne Erfordernisse. So findet man in manchem Ausflugslokal noch immer eine Speisekarte, bei der gegenüber den 80ern nur D-Mark durch Euro ersetzt wurden. Zumindest erscheint es dem Gast so, wenn er neben dem Kännchen Kaffee einen Strammen Max wählen kann, das gute Fürst-Pückler-Eis oder die Birne Helene zum Nachtisch bekommt und auf die Frage nach dem Latte macchiato nur Achselzucken erntet. Genauso überrascht ist der Hotelgast, wenn er sein Zimmer statt in hellen, lichten Farben in dunklen Tönen und mit Jagdszenen dekoriert findet. Dabei haben beide Angebote im Markt ihre Berechtigung, wenn sie beispielsweise als Retro-Trend präsentiert werden. Bleibt eine solche Positionierung jedoch aus, so wirkt das Angebot altbacken und nicht zeitgemäß.

Und noch ein Beispiel: Vor wenigen Jahren warben Motels in den USA unter anderem mit Dataports, einer zusätzlichen Buchse am Telefon für den Anschluss eines Computer-Modems, heute interessiert das kaum noch. Vielmehr wird heute beispielsweise von Motels der Super-8-Kette mit »free wireless highspeed internet access« geworben.

Fallweise und situationsbezogen, ärgerlich für den Gast

Noch heikler sind fallweise Versäumnisse, obwohl deren Auftreten vielfach leicht erklärt werden kann. Sie zeichnen sich dadurch aus, dass besondere, vom Standard abweichende Wünsche oder Zusatzleistungen nicht oder erst auf Nachfrage erbracht werden. Dies ist für den Gast, der genau diese Leistung ja explizit gebucht bzw. angefordert hat, ein besonders ärgerlicher Mangel.

Solche fallweisen Versäumnisse reichen vom Salat, der »ohne Dressing« bestellt wird (aber nicht als solcher kommt), über das gewünschte Nichtraucher-Zimmer (das noch nach dem Tabakgenuss des letzten Gastes riecht) und besondere Arrangements wie (fehlende) Blumen zum Hochzeitstag, die Geburtstagstorte mit falscher Aufschrift, die Reservierung für acht Personen, die leider falsch notiert wurde, bis hin zu Paket- und Kombiangeboten oder Zusatzleistungen für Mitglieder spezieller Programme oder für Kredit- oder Bonuskarteninhaber, von denen das Personal entweder nichts weiß oder wo Teile des gewählten Paketes nicht gewährt oder schlicht vergessen werden. In solchen Momenten fühlt sich der Gast vom König zum Bettelmann degradiert.

Aber auch das Auftreten der Mängel selbst kann differenziert werden nach:

- **temporären Mängeln** (z.B. lange Wartezeiten bei hoher Auslastung, Bier zu warm, defekter Duschkopf), wobei weiter unterschieden werden kann in einmalig auftretende und wiederholt/regelmäßig auftretende Probleme;
- **dauerhaften Mängeln** (z.B. das notorisch unfreundliche Personal, der fehlende behindertengerechte Eingangsbereich, die längst durchgelegenen Matratzen), die zum Teil über Jahre bestehen und nicht behoben werden.

Mangel als Dauerzustand vergrault auch verständnisvolle Gäste

Ziel der Qualitätssicherung ist es in erster Linie, Mängel gar nicht in Erscheinung treten zu lassen. Dabei sind dauerhafte Mängel für den Gast besonders ärgerlich: Sie belegen, dass Personal und Management über einen längeren Zeitraum nicht gewillt oder in der Lage sind, den Mangel abzustellen. So darf es einmal passieren, dass das Servicepersonal unaufmerksam und schlecht motiviert ist – schließlich hat jeder einmal einen schlechten Tag. Muss der Gast aber die Erfahrung machen, dass es sich um einen Dauerzustand handelt, dann wird er dies trotz möglicherweise einwandfreier anderer Komponenten des Leistungspaketes nur widerwillig hinnehmen und sich für das nächste Mal gegebenenfalls nach einer Alternative umschauen.

Für einen temporären Mangel, der schnellstmöglich behoben wird, hat der Gast in der Regel Verständnis – insbesondere dann, wenn ihm eine brauchbare Alternative angeboten wird: Ist die Toilettenspülung oder das TV-Gerät defekt, so wird dies (hoffentlich) umgehend repariert oder der Gast in ein anderes Zimmer umgebucht. Und wenn die fangfrische Bachforelle »aus« ist, hat der Gast zweifellos dafür Verständnis.

Kleine Veränderung: Entlastung des Personals, Gast ist zufrieden

Anders sieht es aus bei notorischen, immer wieder auftretenden Mängeln, die häufig auf eine schlechte Planung oder eine Überlastung des Personals hindeuten. Muss man aufgrund des Andrangs beim Frühstücksbüfett morgens um 8 grundsätzlich eine Viertelstunde auf seinen Tee warten, weil offenbar das wenige Personal mit anderen Aufgaben beschäftigt ist, dann ist das mehr als ärgerlich. Natürlich könnte der Gast um 7 oder um 9 zum Frühstück gehen – vermutlich wäre seine Wartezeit dann geringer –, aber es sollte sich nicht der Gast dem Hotel, sondern das Hotel dem Gast anpassen können. (Übrigens war im vorliegenden Fall leicht Abhilfe zu schaffen: Auf dem Büfett wurde zusätzlich ein Heißwasserbereiter und eine Selektion Tees zur Selbstbedienung aufgestellt. Folge: Das Personal muss sich nicht extra um die Heißwasserzubereitung kümmern, der Gast kann sich jederzeit selbst bedienen und muss nicht warten, bis das Personal sich um seinen Wunsch kümmern kann. Allein ... die Hotelangestellten hatten das Problem nicht als solches erkannt.)

Aufmerksamkeit hilft, Mängel zu vermeiden

Solche immer wieder temporär auftretenden Mängel sind nicht selten. So treten sie bei Büfetts immer wieder auf, wenn einzelne Speisen über längere Zeit nicht nachgefüllt werden, aber auch von den immer mal wieder fehlenden Handtüchern auf dem Zimmer, der Schlange beim Check-out am Morgen des letzten Seminartages oder auch den Parkplätzen vor dem Haus, von denen es in Spitzenzeiten zu wenige gibt, können viele Gäste ein Lied singen.

Temporär auftretende Probleme sind unter Umständen schwer erkennbar, da sie entweder nach einiger Zeit automatisch abgestellt werden oder sich der Zustand wieder normalisiert. Dass der Gast sich zwischenzeitlich möglicherweise erheblich dadurch gestört und behindert fühlt, fällt dem Personal vielfach gar nicht auf. Zudem fühlt sich im Nachhinein niemand für das Problem verantwortlich: schließlich hat es sich entweder von selbst gelöst (und war damit für das Personal kein gravierendes Problem) oder es wurde automatisch Abhilfe geschaffen (wenn auch möglicherweise zu spät, aber *das* ist dann schon wieder ein anderes Problem).

Das Thema **Verantwortung** führt zu einer weiteren Unterteilung von Qualitätsproblemen. Es kann unterschieden werden zwischen:

- Mängeln, die durch **Zulieferer** bzw. Outsourcing initiiert wurden (z.B. minderwertige Papierservietten, Hotelbettwäsche, die aus der externen Reinigung mit Flecken oder Beschädigungen zurückkehrt). Hier müssen definierte Qualitätsstandards und Abnahmeprozesse festgelegt werden, damit auch der einzelne Zulieferer seinen Teil zur Qualitätssicherung beitragen muss und bei Versäumnissen zur Verantwortung gezogen werden kann.
- Mängeln, die auf unmotiviertes, unaufmerksames oder wenig qualifiziertes **Personal** zurückzuführen sind (z.B. zu lange Wartezeiten, schlechte Beratung, Abschieben von Verantwortung auf andere Kollegen). Ziel des Qualitätsmanagements muss es sein, die Motivation der Mitarbeiter und ihre Verantwortung für die Gesamtqualität zu forcieren. Dabei kann es auch notwendig sein, Schulungs- und Qualifizierungsmaßnahmen durchzuführen und sich von notorisch unfreundlichen und unaufmerksamen Mitarbeitern zu trennen.
- Mängeln aufgrund unzureichender, ineffektiver oder zu unflexibler **Prozessausgestaltung** (z.B. wenn Sonderwünsche wie eine Wickelkommode oder eine Mikrowelle zur Erwärmung von Säuglingsnahrung nicht erfüllt werden können, weil »man das noch nie gemacht hat«, wenn der Wunsch, das Tagesmenü ohne Suppe zu bekommen, damit abgetan wird, das sei »nicht bonierbar«, und wenn der Hotelgast zwar gerne für Montag und Mittwoch das Frühstücksbüfett nutzen würde, nicht aber am Dienstag, weil er an diesem Tag einen Geschäftstermin mit Brunch hat, ihm aber gesagt wird, er könne das Büfett nur entweder für den gesamten Aufenthalt buchen oder gar nicht). Vorausgesetzt, die Begründung, die Erfüllung eines Sonderwunsches sei aufgrund von Prozess- oder EDV-System-Vorgaben nicht erfüllbar, ist nicht nur eine Ausrede des Personals, so müssen die Prozesse auf Effektivität und Flexibilität hin überprüft und im Sinne hoher Kundenzufriedenheit angepasst werden.
- Mängeln, die durch fehlende oder zu lasche **Qualitätskontrollen** entstehen (z.B. nicht bereitgelegte Handtücher oder Seifen im Hotelzimmer, das Fischgericht, zu dem die Salzkartoffeln fehlen und nachgereicht werden müssen, die zerrissene und unansehnliche Speisekarte). Sie sind besonders ärgerlich für den Anbieter, da sie mit einfachen Maßnahmen

wie dem Vier-Augen-Prinzip rasch aufgedeckt und behoben werden könnten, so dass sie gar nicht für den Gast sichtbar werden.

- und letztlich Mängeln, die gemäß dem Selbstverständnis des Anbieters gar keine sind, sondern nur vom Gast so empfunden werden. Mancher Gast reklamiert alles von den Müllbergen durch abgepackte Butter und Marmelade über die zu lauten Bewohner des Nachbarzimmers bis hin zum schlechten Wetter während des Aufenthalts. Nicht jeder als Qualitätsmangel dargestellte Aspekt muss dabei vom Anbieter auch als solcher in der Wertung übernommen werden. Und manchem, was von einzelnen Gästen als Mangel empfunden wird (»keine Einmal-Duschhauben im Bad«), liegt möglicherweise sogar eine bewusste Unternehmensentscheidung zugrunde.

Diese Klassifizierung möglicher Mängel hilft, mögliche Problemarten aufzudecken und zu adressieren.

Aufgabe

Erstellen Sie eine Liste der Mängel und Probleme, die in den letzten Monaten aufgetreten sind. Sortieren Sie diese nach den oben genannten Klassifizierungsarten.

Ergänzen Sie die Aufstellung zukünftig um alle neuen Qualitätsmängel, sobald diese entdeckt werden. Markieren Sie Mängel, die (dauerhaft) beseitigt wurden, mit einem grünen Textmarker, kreisen Sie schwerwiegende Probleme mit einem roten, häufig auftretende mit einem blauen Stift ein. So haben Sie jederzeit einen raschen Überblick über die gravierendsten Probleme.

3.2 Problemfelder

Tunnelblick

Hat man ein Gespür für die verschiedenen Problemarten entwickelt, so fällt es leichter, konkrete Mängel zu identifizieren. Allerdings leiden Anbieter in vielen Fällen unter einem gewissen Tunnelblick.

Vom Gast als solche wahrgenommene Qualitätsmängel können vor allem in den folgenden Bereichen auftreten bzw. ihre Ursache haben:

- Produkt: Kernprodukt, Zusatzprodukte
- Service
- Preis, Preis/Leistung
- empfundener Mehrwert
- Inventar
- Ort
- Zeitpunkt/-raum
- Zielgruppenorientierung
- Kommunikation
- Vermarktung
- Personal: Qualifikation und Motivation
- Prozessausgestaltung
- Logistik
- Zulieferer
- Waren- und Materialeinsatz
- Kosten-/Gewinnstruktur

Betrachten wir diese Bereiche etwas genauer, um kritische Faktoren zu identifizieren.

Produktzentrierte Mängel

Der Gast hat in der Regel eine mehr oder weniger konkrete Vorstellung davon, welche Bestandteile und Eigenschaften das Produkt aufweisen soll. Dieses Bild ist umso konkreter, je häufiger der Gast das Angebot schon in Anspruch genommen hat – sei es bei Ihnen oder bei einem Wettbewerber.

Was stellt der Gast sich vor?

So wird ein deutscher Gast, der in einem Restaurant im einfachsten Fall ein Paar Würstchen und ein Glas Bier bestellt, sehr genaue Vorstellungen davon haben, was er anschließend serviert bekommt. Fehlt dem Bier der Schaum oder sind die Würstchen aufgeplatzt oder handelt es sich um Weißwürste statt der erwarteten Frankfurter/Wiener Würstchen, so wird ihm das auffallen. Auch Geschmack, Aussehen und Temperatur der Speisen und Getränke werden gegenüber der Erwartung überprüft.

Handelt es sich hingegen um einen asiatischen Gast, der die gleiche Bestellung aufgibt, so fehlt ihm möglicherweise zumindest in Teilen diese Vergleichsmöglichkeit. Er wird unter Umständen sowohl eine lauwarme Weißwurst als auch ein warmes Bier akzeptieren.

Gleiches gilt für den deutschen Gast, der zum ersten Mal die »Tarte vom Entenmus an Genfer Gemüsevariation« bestellt oder das Allround-Wellness-Weekend gebucht hat: Beim ersten Mal werden Mängel in der Produktausgestaltung und Zubereitung eventuell gar nicht auffallen oder für ein »interessant, so machen die das« sorgen. Zwar können Mängel dann dazu führen, dass der Gast das Angebot nicht erneut in Anspruch nehmen wird, aber er wird eventuell gar nicht wissen, ob ein tatsächlicher Mangel vorgelegen hat oder das Produkt einfach nicht seinen Geschmack getroffen hat.

In einem Lokal in Wien gab es als besonderes Angebot ein erfrischendes Holunder-Pfefferminz-Soda in der Karaffe. Das Getränk kam – viel Eis, viel frische Minze, aufgefüllt mit Soda. Sehr erfrischend, gar nicht süß. Vielleicht hätte es ein wenig mehr nach Holunder schmecken können, aber insgesamt gar nicht schlecht. Bis die Bedienung wieder auftauchte und sich vielmals entschuldigte: Man habe leider den Holunderblütensirup vergessen. Den reichte sie dann separat nach. Wäre sie nicht vorstellig geworden, wäre das Malheur unter Umständen gar nicht wirklich aufgefallen.

Oft erst durch den Vergleich sichtbar

Die Beispiele zeigen, dass viele Produktmängel erst durch den Vergleich zutage treten. Das bedeutet zwar nicht, dass man als Anbieter nur kreativ in der Namensgebung sein muss und sich dann alles leisten kann, aber es zeigt, dass man nicht nur von den eigenen Standards ausgehen kann, sondern auch berücksichtigen muss, was Gästen von Wettbewerbern und aus der Werbung bekannt ist.

Insgesamt kann der Mangel darin bestehen, dass vorhandene Produktbestandteile problem-/mängelbehaftet sind, aber auch darin, dass einzelne Bestandteile fehlen oder die Kombination als unpassend oder unausgewogen empfunden wird.

Kernprodukt oder Zusatzkomponenten mangelhaft?

Dabei ist zu unterscheiden zwischen dem Kernprodukt und begleitenden Komponenten sowie Zusatzprodukten: Das Steak mag erstklassig sein, aber das verschmutzte Besteck und die mickrige Salatgarnitur trüben den Gesamteindruck. In einem solchen Fall hilft es dann eben auch nicht, wenn es sich um ein besonders hochwertiges Fleisch kontrollierter Herkunft handelt.

Der Vorteil in diesem Bereich: Die Produkte sind physischer Natur, sie sind also greifbar. Damit bieten sich zwei Instrumente an, um eine gleichbleibende Qualität sicherzustellen:

- **Checklisten:** Die Checkliste gibt beispielsweise an, welche Komponenten ins Glas oder auf den Teller gehören oder welche Elemente im Hotelzimmer vorhanden sein müssen.

- **Referenzfotos:** Eine einfache Digitalkamera genügt, um nicht nur Speisen und Getränke, sondern auch Gästezimmer so zu fotografieren, dass eine Referenz vorgegeben wird. Anschließend kann die Küche oder auch die Bedienung auf einen Blick feststellen, ob alle Komponenten vorhanden und korrekt angeordnet sind.

Den Blick schärfen, Verantwortung übernehmen

Neben diesen einfachen Hilfsmitteln führt auch die klare Übernahme und Übergabe von **Verantwortungen** dazu, dass Produktmängel frühzeitig auffallen und rechtzeitig eliminiert werden können. Dazu gilt das einfache Prinzip, dass jeder für seine Aufgabe die Qualitätsverantwortung übernimmt. Beispielsweise wäre das Küchen- oder Barpersonal dafür verantwortlich, nur mängelfreie Produkte in den Service zu geben, während der Service die Verantwortung im Moment der Übernahme ebenfalls übernimmt.

Dieses einfache Prinzip sorgt dafür, dass das Servicepersonal gar keine Produkte an den Gast weiterreicht, deren Qualität und Fehlerfreiheit in Zweifel steht. Vielfach herrscht gerade in kleineren Unternehmen das Prinzip vor, z.B. Speisen und Getränke auch dann zu servieren, wenn man um etwaige Mängel durchaus weiß: Schließlich liegt die Verantwortung bei den Kollegen und nicht nur die werden sauer, wenn man sie auf das Problem anspricht, sondern auch der Gast will nicht länger warten. Man selbst ist ja schuldlos ...

Aufgabe

Welche von Ihnen identifizierten Problembereiche fallen in die Kategorie »produktzentrierte Mängel«? Lassen sich typische Häufungen feststellen? Wie können Sie darauf reagieren?

Servicezentrierte Mängel

Mängel im Service sind weniger einfach zu erkennen, denn sie lassen sich vielfach nicht so einfach mit einem Foto festhalten. Und auch Checklisten müssen in Fleisch und Blut übergehen: Das Personal, das im Beisein des Gastes eine Checkliste durchgeht, wird schon allein dadurch zum Qualitätsproblem.

Servicemängel sind ebenfalls vielfältig und reichen von langen Wartezeiten über arrogantes, unfreundliches oder auf andere Art unpassendes Auftreten bis hin zu Vergesslichkeit, Inkompetenz, Motivationsproblemen und mangelhafter Vorbereitung und fehlendem Wissen. Gesteigert wird dies nur noch durch komplett ausbleibenden Service (»Kollege kommt gleich!«).

In erster Linie erwartet der Gast einen zuverlässigen, kompetenten, zeitnahen und freundlichen Service. Der Bereich, in dem sich der Service bewegt, ist dabei je nach Angebot und Zielgruppe sehr groß und reicht weit über das Kernprodukt und Kernangebot hinaus.

So erwartet die ausländische Reisegruppe möglicherweise Personal, mit dem sie in ihrer Landessprache kommunizieren kann, der islamische Gast geht davon aus, dass christlich-religiöse Symbole vor seiner Ankunft aus dem Hotelzimmer entfernt wurden, der sehbehinderte Gast benötigt spezielle Unterstützung beim Lesen der Speisekarte und der Mountainbiker möchte eine Beratung zu den besten und interessantesten Strecken in der Umgebung. In solchen Fällen ist Vorbereitung entscheidend. Sinnvoll ist es, alle außergewöhnlichen Servicewünsche zu notieren, zu sammeln und regelmäßige Best-Practices-Empfehlungen zu erarbeiten, die angeben, wie in solchen Fällen verfahren werden soll.

Service-elemente und Aufgaben

Daneben gibt natürlich eine Vielzahl ganz alltäglicher Serviceelemente, die zum Standardrepertoire gehören. Sie reichen von der Begrüßung bis zur Verabschiedung des Gastes und umfassen eine Vielzahl von unumgänglichen sowie optionalen Aufgaben.

Unumgängliche Serviceaufgaben umfassen alle Tätigkeiten, die mit jedem Gast durchlaufen werden, wie beispielsweise im Gastronomiebereich die Begrüßung, die Übergabe der Speisekarte, die Aufnahme der Bestellung, der Servier- und Abserviervorgang, die Bezahlung und die Verabschiedung. Optionale Elemente zergliedern sich in vom Personal ausgehende Elemente (Empfehlung spezieller Produkte, Angebot zusätzlicher Getränke/Desserts etc.) und solche, die vom Gast initiiert werden (Frage nach der Zubereitung und Herkunft von Speisen, Äußerung von Sonderwünschen, Suche nach der Toilette etc.).

Schulungen

Um einen gleichbleibenden Servicestandard für alle Gäste sicherzustellen, bietet es sich nicht nur an, alle diese Serviceelemente zu erfassen und in Schulungen und Rollenspielen einzuüben, sondern für optionale, vom Personal ausgehende Elemente genau festzulegen, wann sie zum Einsatz kommen sollen.

Da Schulungen und Rollenspiele reine Trockenübungen sind, sollten ergänzend Mystery Guests eingesetzt werden, um die Einhaltung der Vorgaben zu überprüfen. Mystery Guests sind vom Unternehmen beauftragte Tester, die sich als normale Gäste im Hotel oder Restaurant bewegen und die Aufgabe haben, Schwächen unter anderem im Servicebereich aufzudecken.

Vergleichen

Unter Umständen kann es auch sinnvoll sein, gezielt Wettbewerber zu besuchen (oder besuchen zu lassen), um Unterschiede in der Servicekultur und im Serviceumfang zu untersuchen.

Aufgabe

Welche von Ihnen identifizierten Problembereiche fallen in die Kategorie »servicezentrierte Mängel«? Lassen sich typische Häufungen feststellen? Wie können Sie darauf reagieren?

Preisbasierte Mängel

Preisbasierte Mängel werden vom Gast in der Regel nur dann moniert, wenn das Angebot zu teuer ist: ein zu preisgünstiges Angebot wird er gerne akzeptieren. Diese Sicht ist allerdings sehr einseitig, denn der Anbieter muss daran interessiert sein, den Gewinn zu maximieren. Damit ist auch das zu günstige Angebot in der Gesamtbilanz mängelbehaftet!

Mängel in der Preisstruktur oft nur schwer aufzufinden

Mängel in der Preisgestaltung sind vom Anbieter nur schwer ohne externe Unterstützung aufdeckbar. Einzig die ausbleibende Nachfrage kann neben konkreten Reklamationen und Beschwerden einen Hinweis auf einen solchen Mangel liefern.

Vielfach geht dem Empfinden, der Preis sei nicht angemessen, ein zuvor wahrgenommener Mangel des Angebotes hinsichtlich Umfang, Ausgestaltung, Produkt oder Service voraus. Dann entspricht die erwartete Preisreduktion quasi einer Entschädigung für die erlittene Enttäuschung.

Generell muss zudem zwischen verschiedenen Preisbestandteilen unterschieden werden, insbesondere

- dem Grundpreis sowie
- eventuell fälligen Aufschlägen (z.B. Hochsaisonzuschlag, Einzelzimmerzuschlag, aber auch Kosten für das Gedeck) und Zusatzkosten (z.B. für die Nutzung von Wellnessbereich, Telefon, WLAN, Minibar).

Gast sieht die Gesamtkosten

Anders als der Anbieter fokussiert der Gast letztlich vor allem die entstehenden Gesamtkosten. Da sich diese erheblich kumulieren können, wenn exzessiv von Minibar, Pay-TV und Co. Gebrauch gemacht wird, kann der Schock erst bei der Abreise bevorstehen. Aber auch einzelne Zusatzleistungen können in ihrem Pricing vom Gast moniert werden. Dies ist besonders bei WLAN-Zugängen der Fall, die teilweise 10 Euro und mehr pro Stunde kosten und bei denen dann auch noch diese Stunde bei jedem Einloggen abgerechnet wird. Kein Wunder, wenn der Gast sich dann beschwert, das tägliche kurze Abrufen der E-Mails habe mehr gekostet als die gesamte Anreise.

Viele Gäste sind zudem mittlerweile nicht mehr bereit, Kosten für Leistungen zu tragen, die von ihnen nicht in Anspruch genommen werden. Daher kann es sich lohnen, das bestehende Preismodell auf seine Flexibilität hin zu überprüfen: Wo gibt es Möglichkeiten, eine gerechtere, nutzungsabhängige Kostenstruktur zu entwickeln?

Entscheidend für den Gast ist jedoch das Preis-Leistungsverhältnis. Dies gibt dem Unternehmen die Möglichkeit, an zwei Stellschrauben zu drehen: Entweder wird der Preis als solcher angepasst oder die gebotenen Zusatzleistungen können derart ergänzt oder modifiziert werden, dass das Verhältnis für den Gast wieder ausgeglichen erscheint.

Perspektive des Gastes

Preis- beziehungsweise kostenbasierte Mängel können jedoch auch ganz anderer Natur sein. So kann sich der Gast eine andere Preisstruktur wünschen, bei der er einige Paketbestandteile (wie das Hotelfrühstück) gezielt abwählen und andere separat buchen kann. Auch die Frage der akzeptierten Zahlungsmittel kann zum Qualitätskriterium werden, wenn unerwartet gängige Kreditkarten nicht oder nur gegen zusätzliche hohe Gebühren akzeptiert werden.

Eine weitere Variante der Preissensitivität betrifft Kinder, Senioren und ggf. spezielle Zielgruppen (Arbeitslose, Studenten und Schüler, Reisegruppen ...). Hier kann es vorkommen, dass die Gäste spezielle Rabatte oder Sonderangebote erwarten. Wer sich als Anbieter darauf nicht einstellt, kann ganze Zielgruppen vergraulen.

Aufgabe

Welche von Ihnen identifizierten Problembereiche fallen in die Kategorie »preisbasierte Mängel«? Lassen sich typische Häufungen feststellen? Wie können Sie darauf reagieren?

Mehrwertorientierte Mängel

Eng verbunden mit dem Preis ist der empfundene Mehrwert. Er geht in die Bewertung der Gesamtleistung mit ein. Wichtige Werte für den Gast sind:

- der Wohlfühl-, Erholungs- und Entspannungsfaktor inklusive des Bereichs Wellness/Gesundheit/Fitness
- der wahrgenommene Bequemlichkeitsgrad

- die subjektiv empfundene Exklusivität des Angebotes und der Behandlung
- der Unterhaltungsgrad sowie der Abenteuer- und Erlebniswert
- die empfundene Sicherheit
- der Grad der Einbeziehung und Interaktion mit dem Gast
- das Ambiente, in dem das Angebot erbracht wird

Der subjektive Wert

Auf dieser Basis wird der subjektive Wert der Leistung für den Gast bemessen. Das Resultat ist höchst subjektiv, da sowohl die Gewichtung der Faktoren als auch ihre individuelle Wahrnehmung und Bewertung von Gast zu Gast unterschiedlich ist.

Zur Ermittlung von Schwachpunkten und Optimierungsmöglichkeiten bietet es sich daher vor allem an, Gäste gezielt zu interviewen. Machen Sie sich auf Überraschungen gefasst – und auf interessante Denkanstöße.

So können Gäste durchaus monieren, dass die Beleuchtung der Parkgarage zu dunkel ist und sie sich daher unsicher fühlen, oder dass die Frühstückszeiten von 6 bis 9 Uhr wider die eigene Bequemlichkeit stehen, da man gerne erst um halb zehn frühstückt.

Wie wichtig solche mehrwertbasierten Services und Gästeerwartungen sind, zeigt sich bei der Anforderung »Diskretion«, die VIP-Gäste stellen. Agenturen machen hier sogar gezielt Test-Anrufe, um die Zuverlässigkeit des Anbieters und seines Personals zu testen. Wer hier den Fehler macht, auszuplaudern, dass Herr oder Frau XY im Hause weilt, kann sich fast sicher sein, nicht nur diesen Gast, sondern auch viele andere verloren zu haben.

Die empfundenen Mängel können sich extrem vielfältig gestalten, gleichzeitig gibt es hier aber auch ein weites Betätigungsfeld, um dem Gast einen zusätzlichen Mehrwert zu suggerieren und sich so auch qualitativ von den Wettbewerbern abzuheben.

Individuelle Bedürfnisse kennen: Mehrwert für den Gast

Zum Mehrwertbereich zählt so auch, dass das Personal auf die Ankunft des Gastes vorbereitet ist und (besonders bei Stammgästen) besondere Vorlieben und Gästewünsche kennt: Das reicht im Hotel vom bevorzugten Zimmer und der Etage (top/low), der Lage nah/fern vom Lift, zu Getränkewünschen, Essensvorlieben und der Präferierung von Obstkorb oder Schokolade zur Begrüßung bis hin zu Gummibärchen auf dem Kopfkissen, den Lieblingsblumen oder der Gewohnheit, jeden Abend um sieben einen Pfefferminztee zu trinken.

Aufgabe

Welche von Ihnen identifizierten Problembereiche fallen in die Kategorie »mehrwertorientierte Mängel«? Lassen sich typische Häufungen feststellen? Wie können Sie darauf reagieren?

Mangelhaftes Inventar

Wohlfühlfaktor und Ambiente hängen wesentlich von der Einrichtung der Räumlichkeiten, der Dekoration, aber auch dem Inventar ab. So können vergilbte Tischdecken und schmutziges Besteck die Freude am Restaurantbesuch ebenso trüben wie ein knarzendes und 30 Jahre altes Bett die Hotelübernachtung.

Ihr Erfolgspotenzial

Generell gehört *jedes* Objekt, mit dem der Gast mittelbar oder unmittelbar in Kontakt kommt, regelmäßig auf den Prüfstand. Dabei sollte neben dem Abnutzungsgrad und der Alterung auch überprüft werden, ob der fragliche Gegenstand oder die Einrichtung noch zeitgemäß ist.

Hilfsmittel, die für den reibungslosen Betrieb notwendig sind, gehören besonders häufig überprüft. Im Restaurant sind dies beispielsweise:

- Geschirr: sauber, nicht angeschlagen, Dekor nicht verblasst oder verkratzt
- Besteck: sauber, nicht verbogen
- Gläser: keine Beschädigungen, sauber, kein Schleier
- Speisekarte: unbeschädigt, nicht beschmutzt oder bekritzelt, nicht klebrig
- Tischdecke, Servietten: keine Flecken, keine Verschmutzung, kein Vergilben
- ...

Eine komplette Inventarliste zu erstellen wäre bereits für ein einfaches Hotelzimmer eine erhebliche Aufgabe, zumal die ausufernde Liste der Gegenstände und Objekte unter Umständen den Blick auf das Wesentliche verstellt.

Als mangelhaft kann Ausstattung aber auch wahrgenommen werden, wenn sie vom Gast anders erwartet wird: Die Papierserviette im Top-Restaurant wird Befremden auslösen, da die Zielgruppe dort Stoffservietten gewohnt ist.

Beispiel

Die Tücke liegt manchmal im Detail

Ein Hotel in München, die Zimmer angenehm eingerichtet, es fehlt weder an frischen Blumen auf dem Tisch noch an einer Tischdecke oder der fast obligatorischen Schreibmappe mit Notizzetteln und Briefpapier des Hauses. Nur in der Kombination schien sich dies nicht besonders zu vertragen: Beim Bemühen, das Briefpapier zu verwenden und etwas zu notieren, zeigte sich nicht nur, dass der Kugelschreiber die Zusammenarbeit verweigerte, sondern auch, dass wohl vor einiger Zeit die Vase umgekippt war und die Mappe im Wasser gebadet hatte: Das Papier war wellig und aufgequollen. Das Malheur war offenbar längst behoben – die verdeckten Folgen waren dem Zimmerservice entgangen.

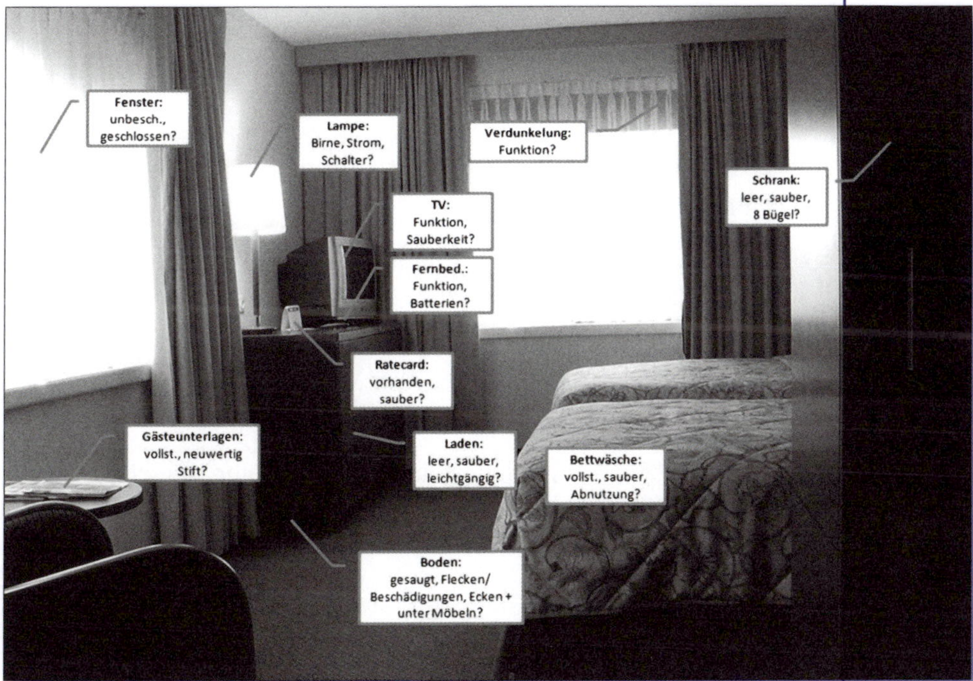

Abb.: Beispiel für ein nachbearbeitetes Foto mit Check-Hinweisen (Foto: stock.xchng, sxc.hu)

Prinzipiell besteht zudem auch beim Inventarcheck die Gefahr von Betriebsblindheit und Tunnelblick: Da das Personal beispielsweise die Tischdecken und die Bettbezüge tagtäglich sieht, fällt gar nicht auf, wenn diese langsam einen Gelbstich oder Grauschleier bekommen. Und wer war noch nicht in der Situation, dass ein Gast ein Bild oder eine Kerze geraderückt und man sich fragt: »Warum ist mir das nicht aufgefallen?«

Auch hier sind wieder Digitalfotos eine wertvolle Hilfe zur Qualitätssicherung: Zeigen sie eine Szene/einen Detailausschnitt im Idealzustand, so kann daraus nicht nur die Inventarliste abgeleitet werden, sondern es können auch Prüfvorschriften und Prüfintervalle festgelegt werden.

Bei der langsam vergilbenden Tischdecke helfen Fotos allerdings nur bedingt. In solchen Fällen ist es sinnvoller, Referenzmuster einzulagern und diese regelmäßig mit dem in Benutzung befindlichen Objekt zu vergleichen.

Tipp

Schweißen Sie Referenzmuster in Klarsichtfolie ein – so erhöhen Sie deren Haltbarkeit.

Alle funktionstragenden Elemente wie Matratzen, Türen/Schlösser, Schubladen, Lampen, Klimaanlage, Heizung, TV, Fernbedienungen, Föhns, Duschen usw. müssen darüber hinaus unbeschädigt und funktionsfähig sein. Dazu gehört im Hotel beispielsweise auch der Test und gegebenenfalls Austausch von Batterien in Fernbedienungen sowie das Protokollieren des Alters der Matratzen und der regelmäßige Austausch derselben.

Aufgabe

Identifizieren Sie die Problembereiche, die unter die Kategorie »mangelhaftes Inventar« fallen. Suchen Sie nach typischen Häufungen. Wie können Sie darauf reagieren und Probleme bereits im Vorfeld reduzieren?

Zielgruppenbezogene Mängel

Manches vom Gast empfundene Mehrwertproblem erweist sich in der Analyse als ein tatsächliches Zielgruppenproblem: Es lag gar nicht in der Absicht des Anbieters, mit dem Angebot diesen Mehrwert zu schaffen, und der Gast gehörte nicht der ursprünglich angedachten Zielgruppe an.

Zielgruppenbezogene Mängel treten auf, wenn

- das Angebot nicht optimal auf die Zielgruppe zugeschnitten ist;
- Gäste ein Angebot wahrnehmen, die nicht zur ursprünglich adressierten Zielgruppe gerechnet werden können.

So kann ein Angebot qualitativ hochwertig sein und trotzdem bei den Gästen durchfallen: Das Steakhaus in München, das seine Werbung auf asiatische Gäste ausrichtet, wird feststellen müssen, dass diese viel mehr an Schweinshaxen, Knödeln und Weißwurst interessiert sind als an argentinischen Rumpsteaks. Das ändert auch die Speisekarte in Landessprache und das japanisch sprechende Personal nicht.

Umgekehrt kann es passieren, dass das Marketing nicht (nur) die Zielgruppe erreicht, die zunächst angedacht war: Wer beispielsweise in den Magazinen der Billigfluglinien wirbt, um Städtetouristen durch die zentrale Lage des Hotels anzusprechen, muss auch darauf gefasst sein, dass diese Zielgruppe sehr preisbewusst ist und Zusatzangebote möglicherweise ausschlägt.

Zielgruppenbezogene Mängel aus Sicht des einzelnen Gastes können wiederum durch Interviews und Fragebögen ermittelt werden. In Fällen, wo sich Zielgruppenverschiebungen ergeben, ist dies weniger offensichtlich und kann nur durch die gezielte Auswertung aller zur Verfügung stehenden Quellen (betriebswirtschaftliche Analysen, Protokolle der Anfragen/Reklamationen, Befragungen, statistische Erhebungen ...) eruiert werden.

Aufgabe

Welche von Ihnen identifizierten Problembereiche fallen in die Kategorie »zielgruppenbezogene Mängel«? Welche Schlüsse können Sie aus der Art und Struktur dieser Probleme ziehen?

Ortsbezogene Mängel

Das richtige Angebot am falschen Ort wird potenziellen Gästen ebenfalls mängelbehaftet erscheinen. Dabei muss es sich nicht unbedingt gleich um das familienfreundliche Hotel im Rotlichtbezirk handeln: Die wahrgenommenen Mängel können – vor allem dem Anbieter – wesentlich weniger gravierend erscheinen.

Zu den häufigsten »Qualitäts«mängeln des Standortes zählen schlechte Verkehrsanbindung und Erreichbarkeit sowie lange Anreisedauer. Aber auch ein unfreundliches Ambiente, fehlende Parkplätze und Sicherheitsbedenken (vor allem nachts) werden von Gästen häufig genannt.

Neben dauerhaften Mängeln können temporäre Probleme die Attraktivität eines Standortes einschränken. Hierzu gehören externe Ereignisse wie Baustellen, aber auch interne Faktoren wie zu wenig Platz im Rezeptionsbereich und ein in die Jahre gekommener, langsamer und kleiner Lift beim Einchecken einer größeren Reisegruppe von Senioren.

Hinzu kommen saisonale und wetterbedingte Einflüsse, die nicht im engeren Sinne als Mängel oder Probleme eingeordnet werden können, trotzdem aber die Attraktivität des Standortes beeinflussen. Ein typisches Beispiel ist die Schneesicherheit (bzw. der Schneemangel) in Wintersportorten.

Desweiteren bestimmt der Ort (und damit das Umfeld des Angebotes) auch zu einem großen Teil die »first impression«, also den ersten Eindruck, den der Gast von Anbieter und Angebot erhält. Selbst wenn die Mängel nicht »hausgemacht« sind, führen so beispielsweise eine schlechte Ausschilderung, schlechter Straßenbelag, defekte Straßen- und Außenbeleuchtung oder die Vorbeifahrt am tristen, rostigen und nicht in Betrieb befindlichen Stadtspringbrunnen nicht gerade dazu, dass sich die Gäste auf Anhieb wohlfühlen.

Diese Faktoren tangieren die eigentliche Angebots- bzw. Dienstleistungsqualität nur marginal, sind für die potenziellen Gäste jedoch trotzdem wichtige Aspekte, die mit über den möglichen Besuch und seine Beurteilung entscheiden. Im Rahmen der Qualitätssicherung und des Qualitätsmanagements ist es daher sinnvoll, Lösungen für diese Problembereiche zu suchen oder – wo dies z.B. bei Wetterabhängigkeit nicht möglich ist – Angebotsalternativen zu entwickeln.

Aufgabe

Identifizieren Sie die Problembereiche, die in die Kategorie »ortsbezogene Mängel« fallen. Können Sie den Ort besser in die Leistungserstellung und das Angebot integrieren?

Zeitbezogene Mängel

Nicht nur der Ort kann als mangelhaft empfunden werden, sondern auch die Zeit. Das richtige Angebot zum falschen Zeitpunkt oder mit einer unpassenden Zeitdauer kann als gravierender Nachteil empfunden werden.

Das Problem tritt vor allem dann auf, wenn Angebote zeitlich limitiert sind, der Gast aber nicht in der Lage ist, das Angebot im Rahmen dieser Limitierung zu nutzen. Aber es sind auch ganz andere Beispiele denkbar: So kann der Hotelgast mit den Zeiten unzufrieden sein, zu denen die Rezeption besetzt ist, er wünscht einen frühen Check-in oder einen späten Check-out, möchte das Frühstück aufgrund der geplanten Bergwanderung schon um fünf und eigentlich würde er gerne für zwei Tage über den Jahreswechsel erneut anreisen, aber da gibt es eine »3 day minimum stay«-Regelung.

Manche zeitliche Abhängigkeit ist konzeptbedingt, manche vom Management so gewollt, bei anderen kann es durchaus sinnvoll sein, sie im Rahmen einer Qualitäts- und Serviceoffensive zu überdenken.

Aufgabe

Welche von Ihnen identifizierten Problembereiche fallen in die Kategorie »zeitbezogene Mängel«? Lassen sich typische Häufungen feststellen? Wie können Sie darauf reagieren?

Kommunikationsbezogene Mängel

Aufzeichnungen führen

»Das hat man Ihnen gestern *so* gesagt?« Wer als Gast einmal diesen oder einen ähnlichen Satz gehört und dabei in das überheblich-amüsierte Gesicht seines Gegenübers geblickt hat, wird die Begebenheit so schnell nicht vergessen. So scheint es in manchen Hotels und Restaurants üblich zu sein, Wünsche, Anfragen und Beschwerden nicht an die zuständige Stelle oder die nächste Schicht weiterzugeben. Ein Notizbuch oder ein EDV-System, in dem alle Vorkommnisse mit Datum und Name sowie den eingeleiteten Maßnahmen und der weiteren verantwortlichen Stelle notiert werden, können in solchen Fällen für wirksame Abhilfe sorgen. Wird aber ein Zettelsystem oder gar die ausschließlich mündliche Weitergabe geduldet, so sind Probleme vorprogrammiert.

Kommunikationsprobleme können aber auch an ganz anderen Stellen entstehen:

- Ausländische Gäste brauchen unter Umständen Unterlagen und Ansprechpartner in ihrer Landessprache.
- Verantwortlichkeiten und Kompetenzen sind nicht immer klar geregelt, so dass sich die Aussagen verschiedener Mitarbeiter zum gleichen Thema widersprechen können.
- Unterlagen für Gäste können missverständlich formuliert sein: Ein ewiges Thema sind beispielsweise Gutscheine, deren Einlösung an Bedingungen geknüpft ist, die der Gast aber nicht einsieht und/oder nicht erfüllt. Aber selbst einfache Speisekarten bieten Anlass zur Diskussion, wenn beispielsweise unklar ist, dass die Beilage nicht Teil des Steaks ist, sondern separat gewählt (und bezahlt) werden muss.
- Reservierungs- und andere Gästeanfragen, aber auch nachträgliche Reklamationen werden nicht zeitnah beantwortet oder bleiben sogar komplett unbeantwortet. Zum Teil fehlt auch die Angabe von Kontaktmöglichkeiten und Ansprechpartnern.
- Angebote und Buchungsbestätigungen sind widersprüchlich, auch treten zum Teil Unterschiede zwischen den Angaben im Internet und denen vor Ort auf.

Wer ist der Ansprechpartner für den Gast?

Die Gästekommunikation ist besonders vielschichtig, es kann vor allem zwischen individueller Kommunikation und Massenkommunikation differenziert werden. Bei der individuellen Kommunikation sind häufig unterschiedliche Personen involviert, und für den Gast ist nicht immer erkennbar, wer sein direkter Ansprechpartner ist.

Sind die Aussagen verständlich?

Die Massenkommunikation wird in vielen Fällen über Hilfsmittel abgewickelt, wie Speisekarten, Websites, Flyer, Aufsteller und Hinweisschilder. Nicht immer ist dabei gewährleistet, dass der Informationsfluss reibungslos funktioniert. Die Aussagen müssen daher auch auf Verständlichkeit, Nachvollziehbarkeit und Widerspruchsfreiheit überprüft werden.

Probleme entstehen, wenn beispielsweise am Frühstücksraum des Hotels der Hinweis angebracht ist, Frühstück würde von 6.30 Uhr bis 9 Uhr serviert, die Informationsbroschüre auf dem Zimmer aber 7 Uhr bis 9.30 Uhr angibt. Wichtig ist daher, dass bei Veränderungen *alle* veralteten Unterlagen entfernt werden.

Sind die Mitarbeiter informiert?

Auch ist es wichtig, dass für den Fall des Falles jederzeit Zugriff auf Ersatzunterlagen besteht und das Personal die Informationen ebenfalls kennt. So versuchte ich selbst in einem Hotel einen Weckruf in Auftrag zu geben, wurde aber darauf hingewiesen, dass die Gäste dies bitte über die Telefonanlage selbst übernehmen – die Anweisungen lägen im Zimmer. Die waren jedoch nicht zu finden und Raten half nicht weiter. Erneute Rücksprache mit der Rezeption (abends nach 22 Uhr) ergab dann, dass der Zimmerservice am nächsten Morgen eine neue Anweisung bereitstellen würde, er (der Rezeptionist) könne leider keine besorgen und kenne sich mit der Programmierung der Telefonanlage nicht aus. Zumindest sah er dann ein, dass die Lösung in diesem Fall keine war, und besorgte aus einem anderen Zimmer eine passende Anleitung.

Aber nicht nur die Daten müssen stimmen und parat sein: Auch die Rechtschreibung lässt manchmal sehr zu wünschen übrig. Manche Gäste spielen daher in einigen Restaurants gerne das beliebte »Wer findet mehr Fehler?«-Spiel mit der Speisekarte. Lassen Sie es nicht so weit kommen!

Sender und Empfänger

Mängel im Rahmen der Gästekommunikation sind fallweise nur schwer aufzudecken, da die Diskrepanz zwischen Sender und Empfänger erst auf Seiten des Empfängers akut wird und dieser sich unter Umständen gar nicht bewusst ist, dass ein Missverständnis oder ein Kommunikationsproblem vorliegt. Das Personal auf der anderen Seite weiß ja, was mit der Äußerung gemeint ist, und wird in der Regel nicht davon ausgehen, dass eine Aussage missverständlich ist.

Das gilt übrigens auch für die Beschilderung in Hotels und Restaurants: Da die Mitarbeiter die Räumlichkeiten kennen, ist die Beschilderung für sie grundsätzlich ausreichend, für den Gast kann sie jedoch zum Problem werden.

Alle Unterlagen sollten daher von einer unabhängigen Instanz daraufhin überprüft werden, ob sie für einen Gast, der Räumlichkeiten, Unternehmen und Angebot nicht kennt, gut zu verstehen sind.

Zeitnahe Kommunikation

Bleibt das Problem der zu wenig zeitnahen Kommunikation bzw. Reaktion auf Gästeanfragen und Gästewünsche: Hier kann durch exakte Protokollierung samt Zeitstempel jeder Kommunikationsvorgang als Kette von Einzelaktivitäten erfasst werden. Statistische Auswertungen helfen dann, die Prozesse zu analysieren und – wo nötig – effizienter zu gestalten.

Aufgabe

Welche von Ihnen identifizierten Problembereiche fallen (aus Sicht der Gäste) in die Kategorie »kommunikationsbezogene Mängel«? Lassen sich typische Häufungen feststellen? Wie können Sie darauf reagieren?

Vermarktungsbasierte Mängel

Unter Umständen verspricht die Werbung Dinge, die in der Praxis nicht oder nur mit viel Phantasie gehalten werden. Wenn sich die »großzügige Pool-Landschaft« als zwei mal drei Meter großes Becken entpuppt und das »Büfett mit über 40 exotischen Geschmäckern« nur dann eine entsprechende Zahl an Geschmacksvariationen bereithält, wenn man jedes der fünf Gerichte mit jeder der Salatsoßen kombiniert, liegen vermarktungsbasierte Mängel vor.

Sind die Informationen aktuell?

Aber nicht nur die typischen Katalogformulierungen und einfallsreichen Umschreibungen sorgen immer wieder für Probleme, die in den Augen der Gäste die Qualität des Gesamtangebotes in Frage stellen. Vermarktungsbasierte Mängel treten auch dann auf, wenn Informationen und Preisangaben in der Werbung bzw. im Internet veraltet sind oder wenn sich die Kontaktaufnahme schwierig gestaltet.

Zielgruppe und Botschaft überprüfen

Zudem kann es passieren, dass die Vermarktung nicht auf das Interesse der ursprünglich intendierten Zielgruppe stößt. Die Folge kann entweder ein generelles Nachlassen der Nachfrage sein oder es kommt zu einer Zielgruppenverschiebung. Werden von der Vermarktung jedoch die »falschen« Interessenten angesprochen und gewonnen, so kann dies dazu führen, dass Erwartungshaltung und Realität mehr oder weniger deutlich auseinanderklaffen.

Aufgabe

Welche von Ihnen identifizierten Problembereiche sind vermarktungsbasiert? Gibt es immer wiederkehrende Probleme in dieser Kategorie? Wie können Sie darauf reagieren?

Personalmängel

Schnittstelle zum Gast

Das Personal ist in vielen Fällen bei den bereits genannten Mängeln in der einen oder anderen Form beteiligt und bildet vielfach die direkte Schnittstelle zum Gast. Häufig tritt das Personal aber nur als Mittler auf und hat unter anderem die Aufgabe, bei auftretenden Qualitätsmängeln die Wogen zu glätten.

Immer wieder passiert es jedoch auch, dass das Personal selbst zum Stein des Anstoßes wird. Unmotiviertes, unfreundliches und unqualifiziertes Personal ist nicht nur ein Ärgernis für die Gäste, sondern auch Gift für das Ansehen des Unternehmens – schließlich ist die (Gast-)Freundlichkeit des Hauses ein entscheidendes Aushängeschild.

Schwierig wird es, wenn Unternehmen vor allem mit preisgünstigen Aushilfskräften arbeiten. Dann nämlich sind gezielte Qualifizierungsmaßnahmen und die Einbindung der Mitarbeiter in die Verantwortungsstrukturen und die Qualitätssicherungsbemühungen nur bedingt sinnvoll zu implementieren. Bei fest angestelltem Personal sind diese Schritte jedoch entscheidend für die Optimierung des Outputs.

Konsequenzen ziehen

Fallweise kommt es jedoch auch vor, dass einzelne Mitarbeiter trotz Qualifizierung, Incentive-Programmen und Einbindung in die Verantwortungsstrukturen ihr unmotiviertes und unfreundliches Verhalten nicht ablegen. In solchen Fällen ist eine Trennung oder zumindest die Versetzung des Mitarbeiters in einen Bereich mit wenig bis keinem Gästekontakt unabdingbar.

Aufgabe

Welche von Ihnen identifizierten Problembereiche sind personalbezogen? Wie können Sie darauf reagieren?

Logistikmängel

Der Bereich Logistik spielt in vielen Restaurants und Hotels nur eine untergeordnete Rolle. Anders als beispielsweise in der Automobilindustrie ist eine Just-in-time-Anlieferung durch Zulieferer in der Regel auch nicht notwendig, ebenso muss die Gästebetreuung zwar effizient, keineswegs aber getaktet wie am Fließband ablaufen.

Abläufe in der Rezeption

Wer jedoch etwas genauer auf einzelne Prozesse schaut, erkennt durchaus Logistikprobleme in verschiedenen Bereichen. So ist die Rezeption manchen Hotels immer wieder dann überlastet, wenn eine ganze Reisegruppe zum Check-in oder Check-out erscheint. Wer hier als Anbieter vorgebaut hat, sorgt dafür, dass solche zu erwartenden Lastspitzen vorab herausgefiltert werden und für diese Zeiten zusätzliches Personal (und ein zusätzlicher Arbeitsplatz) vorhanden ist.

Transportfragen

Für bestimmte Hotelgäste, beispielsweise Senioren und Familien mit Kindern, besteht vielfach zudem das Problem, das Gepäck zum Hotel und wieder zurück zum Abreiseort zu transportieren. Dies umso mehr, wenn die Anreise nicht mit dem Pkw erfolgt. Verschärft wird das Problem noch, wenn die Gäste mit eigenem Sportgerät anreisen. Hier ist der Anbieter im Vorteil, der entsprechende Logistiklösungen anbieten kann, wie die Übernahme und den Transport des Gepäcks schon vom Bahnhof/Flughafen/... und auch die Bereitstellung von separaten, gesicherten Abstellbereichen für die Sportausrüstung.

Auch die Vermietung solcher Ausrüstungen oder die Zusammenarbeit mit einem Verleiher vor Ort (wiederum samt Transport) fällt unter den Bereich Logistiklösungen. Diese können für Gäste im Hotelbereich sehr vielfältig sein und alles umfassen, was dazu dient, den Aufenthalt des Gastes im Hinblick auf die Freizeitaktivitäten zu optimieren.

Logistik und Kommunikation

Hinzu kommt die Optimierung der internen Logistik, so dass im Einzelfall eine Problembehebung schnell und reibungslos erfolgen kann. In einem großen Hotel passierte es mir, dass weder ich noch das Personal mit der Keycard in mein Zimmer konnte. Offenbar ein Defekt der Schließanlage und des Lesemechanismus. Das müsse sich der Haustechniker anschauen, der sei aber irgendwo im Haus unterwegs und sie könne ihn nicht erreichen, würde ihm aber Bescheid geben, sobald er zurück sei, so die Mitarbeiterin. Der Zufall wollte es, dass ich in einem anderen Hotel ein ähnliches Erlebnis hatte. Die Reaktion hier: »Da Informiere ich gleich den Haustechniker *per Funk*. Haben Sie doch bitte ein paar Minuten Geduld.«

Abstimmung des Services und Aufmerksamkeit

Logistikmängel im Restaurant sind ebenfalls häufig zu beobachten und vielfach auf schlechte Planung oder Unaufmerksamkeit zurückzuführen. So erwarte ich eigentlich, dass alle Gäste am Tisch ihr bestelltes Essen relativ zeitnah erhalten und nicht der eine noch auf seine Bestellung wartet, während andere bereits mit dem Essen fertig sind. Gleiches gilt für Getränkebestellungen, aber auch die berühmte »nächste Runde«, auf die der Gast warten muss, weil es offenbar die Servicekraft nicht weiter interessiert, dass die Gläser schon seit einer ganzen Weile leer sind.

Mängel in der Reservierungslogistik

Auch verschlampte, durcheinandergebrachte oder doppelte Reservierungen können unter der Kategorie »Logistikmängel« verbucht werden. Hier sind häufig nicht aufeinander abgestimmte Prozesse, das Nebeneinander von papierbasierten und EDV-gestützten Reservierungssystemen oder auch schlichtes »Vergessen« für die Probleme verantwortlich.

In manchen Hotels und Restaurants gehört auch die gezielte Überbuchung zur Standardmethode: Da ein gewisser Prozentsatz der Gäste reserviert, dann jedoch oft nicht erscheint, wird eine Überbuchung bewusst zugelassen. Wenn aber doch alle Gäste erscheinen, die reserviert haben, müssen einige in andere Hotels umgebucht werden oder im Restaurant längere Wartezeiten und sogar Absagen in Kauf nehmen ... mehr als ärgerlich für den Gast.

Die Optimierung der Logistikqualität umfasst daher die Überprüfung der Effizienz und Effektivität aller Prozesse, die entweder vom Anbieter durchgeführt werden oder vom Gast übernommen werden müssen, um den Aufenthalt wahrnehmen und genießen zu können.

Wollen Sie gezielt Zeitfressern im Ablauf auf die Spur kommen, helfen die Stoppuhr und das Beobachten der Abläufe. Vielfach sind sich die Mitarbeiter nicht bewusst, dass Abläufe ineffizient sind und optimiert werden können. Teilweise ist es aber auch umgekehrt: Dann behindern Unternehmensvorgaben, dass Prozesse effizienter gestaltet werden können, obwohl Mitarbeiter gute Ideen zur Optimierung der Abläufe haben. Daher ist besonders für solche Fälle auch ein betriebliches Vorschlagswesen sinnvoll, bei dem Mitarbeiter für gute Ideen honoriert statt als Störenfriede behandelt werden, die alle Abläufe durcheinanderbringen wollen.

Betriebliches Vorschlagswesen statt Betriebsblindheit

Aufgabe

Welche von Ihnen identifizierten Probleme fallen in den Logistikbereich? Können hier Änderungen der Prozessgestaltung helfen?

Mängel durch Zulieferer und Partner

Nicht immer ist die Ursache für Qualitätsmängel ursächlich im eigenen Haus zu suchen. Wenn der Fleischlieferant schlechte Ware liefert oder die externe Wäscherei die Bettbezüge nicht ordnungsgemäß reinigt und pflegt, kann der Anbieter das Manko gegenüber seinen Gästen nicht einfach ungeschehen machen. Und wenn das Hotel seinen Gästen geführte Wanderungen empfiehlt, die von einem Partnerunternehmen durchgeführt werden, wird es auch mit deren Qualität assoziiert.

Lieferanten und empfohlene Services in QM-System einbeziehen

Daher muss der gesamte Ablauf daraufhin überprüft werden, wo Schnittstellen zu Lieferanten und externen Partner bestehen. Eine Qualitätsoffensive kann nur erfolgreich sein, wenn auch mit diesen Geschäftspartnern Vereinbarungen über einzuhaltende Qualitätsstandards abgeschlossen werden und die Nichteinhaltung zu Konsequenzen führt.

Wichtig in der Zusammenarbeit mit Lieferanten sind vor allem:

- **(Erst-)Bemusterung:** Mit der Erstbemusterung erbringt der Lieferant den Nachweis, dass seine Produkte/Serviceleistungen die geforderten Qualitätsanforderungen erfüllen. Dabei kann neben den eigentlichen Produkten/Dienstleistungen auch deren Gestehungsprozess untersucht und ggf. nur unter Auflagen freigegeben werden. Die Bemusterung sollte in regelmäßigen Abständen wiederholt werden.

- **Eingangskontrolle:** Trotz Bemusterung ist eine zumindest stichprobenartige Eingangskontrolle der bezogenen Waren notwendig. Schon § 377 Abs. 1 HGB verpflichtet den Empfänger zu einer unverzüglichen Prüfung von Lieferungen, um Mängel reklamieren zu können.
- **Lieferantenbewertung:** Die aus der Wareneingangsprüfung gewonnenen Informationen dienen auch zur Bewertung der Lieferanten. Es erfolgen Auswertungen bezüglich der Lieferqualität, Liefertreue, Termintreue etc. Die Lieferantenbewertung kann als Grundlage für Maßnahmen zur Qualitätsverbesserung oder für Preisverhandlungen dienen und sollte mit dem Lieferanten besprochen werden.

Aufgabe

Welche von Ihnen identifizierten Problembereiche sind auf Partner und Zulieferer zurückzuführen? Wie können Sie die Zusammenarbeit so optimieren, dass diese Mängel zukünftig nicht mehr auftreten bzw. rechtzeitig entdeckt und zurückgewiesen werden können?

Innovationsmängel

Innovationsmängel sind für den Anbieter nur sehr schwer zu diagnostizieren, für Gäste aber von entscheidender Bedeutung – vor allem, wenn es um wiederholte Besuche geht.

Die Qualität stimmt, aber es fehlt etwas

Das Problem bei fehlender Innovation: Der Anbieter bemerkt es lange Zeit nicht! Schließlich macht er alles so wie immer, die Qualität des Vorhandenen stimmt ... allein: den Gästen fehlt etwas.

Der Wunsch nach Innovation kann getrieben sein durch Wettbewerber oder Entwicklungen in anderen Branchen, aber auch rein durch den Wunsch nach Abwechslung. So ist es vielleicht nicht der Abnutzungsgrad des Hotelzimmers, sondern seine schon seit 15 Jahren immer gleiche Optik, die den Stammgast irgendwann einfach nicht mehr reizt. Und auch die Speisekarte kann immer wieder eine Auffrischung vertragen, damit auch langjährige Gäste Neues entdecken können.

Ihr Erfolgspotenzial

Innovationen sollten grundsätzlich jedoch nicht Selbstzweck sein, sondern einen Kundennutzen oder einen Prozessvorteil bieten. Darüber hinaus sind viele Innovationen geeignet, sie als Aufhänger für das Marketing zu nutzen.

Vergleichen und befragen

Bleiben Innovationen aus, so kann dies am besten von außen, im Vergleich mit Wettbewerbern und Erfahrungen aus anderen Branchen festgestellt werden. Gästebefragungen sind daher ebenso probate Hilfsmittel wie die Berichte von Mystery Guests oder der gezielte Vergleich mit dem Wettbewerb.

Stillstand ist Rückschritt

Dabei darf fehlende Innovation nicht mit Rückständigkeit und altmodischem Erscheinungsbild verwechselt werden: Ein Hotel kann durchaus modernen Erfordernissen genügen, sich aber trotzdem in den vergangenen Jahren nicht genügend innoviert und erneuert haben. Hier gilt: Stillstand ist Rückschritt. Der Gast von heute erwartet einfach, dass sich zwischen mehreren Besuchen etwas »getan« hat.

Aber Vorsicht: Wer allzu innovativ ist und dabei Bewährtes eliminiert und seine eigene Identität untergräbt, tut sich und seinen Gästen nichts Gutes!

Aufgabe

Welche von Ihnen identifizierten Problembereiche fallen in die Kategorie »Innovationsmängel«? Typischerweise sind diese Mängel eher subtil und äußern sich nur im Vergleich zu den Wettbewerbern und der Gästeerwartung.

Prozessmängel

Mängel in der Prozessausgestaltung sind häufig die Ursache für Mängel, die sich in anderen Bereichen zeigen. Dem Gast ist es egal, ob der Mitarbeiter unwillig beziehungsweise unqualifiziert ist, sein Problem zu lösen, oder ob die festgeschriebenen Prozessstrukturen, Abläufe und Kompetenzebenen ihm nicht erlauben, sich selbst um eine Problemlösung zu bemühen.

Prozesse können sich unter anderem erweisen als:

- unflexibel
- nicht zeitgemäß

- ineffizient
- zeitfressend
- kostenintensiv
- problemfördernd

Um solche Prozessmängel gezielt – und nicht aufgrund der Untersuchung eines konkret aufgetretenen Problems und der folgenden Ursachenforschung – aufzudecken, ist eine detaillierte Prozessanalyse notwendig. Konkret kann eine solche Analyse und Zerlegung eine Restrukturierung von Abläufen, die Veränderung von Kompetenz- und Genehmigungsebenen und eine komplette organisatorische Neugestaltung nach sich ziehen.

Aufgabe

Welche von Ihnen identifizierten Problembereiche fallen in die Kategorie »Prozessmängel«? Lassen sich typische Häufungen feststellen? Welche Prozesse sind besonders fehleranfällig und wie können Sie diese optimieren?

Betriebswirtschaftlich-organisatorische Mängel

Diese Mängel bleiben dem Gast (hoffentlich) verborgen, sind im Rahmen eines ganzheitlichen Qualitätsmanagements jedoch trotzdem wichtig. Da im Rahmen dieses Buches die Gästebeziehung im Vordergrund steht, sollen hier nur der Vollständigkeit halber typische Problemfelder angerissen werden:

- **Interne Kommunikation:** Sind Kommunikationsstrukturen, Kompetenz- und Verantwortungsebenen sowie Informationsflüsse unklar, nicht exakt festgelegt oder werden sie gezielt umgangen, dann führt dies zu einem Führungschaos, das seine Spuren überall hinterlassen kann.
- **Zielvorgaben:** Fehlen klare Zielvorgaben für Angestellte und Management, so wird das unternehmerische Ergebnis dem Zufall überlassen. Dann ist es auch nicht verwunderlich, wenn Mitarbeiter innerlich gekündigt haben und/oder nur Dienst nach Vorschrift machen.
- **Waren- und Materialeinsatz:** Wer versucht, billig einzukaufen, tut der Qualität nichts Gutes. Der Versuch, die Kosten zu senken, indem die Qualität der zugekauften Produkte und Services reduziert wird, schadet langfristig dem Unternehmen und untergräbt jede Qualitätsinitiative.

- **Kalkulation, Kosten vs. Gewinn:** Miete, Energie, Zinsen sowie steigende Einstandspreise machen Gastronomen wie Hoteliers zu schaffen. Wichtig ist es daher, mit aktuellen Zahlen zu arbeiten und die Kalkulation regelmäßig anzupassen. Dies gilt für den Tourismussektor besonders, da hier Konditionen und Rabatte mit Veranstaltern zum Teil weit im Voraus vereinbart werden.
- **Personal:** Aufgabe der Geschäftsleitung ist es auch, das Verständnis des Personals für die übergeordneten Aufgaben, für die Belange der Kollegen und ihrer Bereiche sowie insbesondere für die Bedürfnisse der Gäste zu fördern. Das heißt auch, dass die Servicekraft im Hotel wissen sollte, was sich hinter einer Speise verbirgt, die die Küche zubereiten kann – und auch, wie sie aussieht und schmeckt. Es bedeutet aber auch, ein Miteinander anstelle eines Gegeneinanders zu etablieren. Schuldzuweisungen müssen tabu sein. Hinzu kommt, dass beim Auftreten von Problemen das Management dorthin muss, wo sich das Problem auftut: Wer versucht, Prozesse und Qualität nur vom Schreibtisch aus zu verwalten, wird wenig erfolgreich sein.
- **Reporting und Controlling:** Kerngedanke des Qualitätsmanagements ist, dass Prozesse zu Fehlern führen. Dies steht im Kontrast zu der Vorstellung, dass Menschen nun mal Fehler machen. Wenn aber die Ursache in den Prozessen gesucht werden soll, so müssen diese auch protokolliert und dokumentiert werden. Nur so ist eine Analyse und Optimierung möglich. Wird auf Reporting und Controlling zu wenig Wert gelegt, so beraubt sich das Unternehmen der Möglichkeit, die wahre Ursache der Mängel zu erkennen und sie abstellen zu können.

Aufgabe

Welche von Ihnen identifizierten Problembereiche fallen in die Kategorie »betriebswirtschaftlich-organisatorische Mängel«? Ist der zugrunde liegende Geschäftsplan noch zeitgemäß oder muss er den modernen Gegebenheiten angepasst werden?

3.3 Gap-Modell der Dienstleistungsqualität

Neben den Mängelarten und den Problemfeldern ist für ein wirksames Qualitätsmanagement ein Verständnis dafür entscheidend, aus welchen Situationen heraus es zu Missverständnissen und Enttäuschungen kommt, die der Gast in der Folge mit Qualitätsmängeln des Angebotes oder der Prozesse assoziiert.

Empfindung von Mängeln und Kommunikation

Das Gap-Modell der Dienstleistungsqualität hilft, ein solches Verständnis aufzubauen. Das Modell geht davon aus, dass jeweils Gaps (Lücken) zwischen den beteiligten Personen und Gruppen hinsichtlich einer Aktion auf der einen und deren Wahrnehmung auf der anderen Seite existieren. Damit führt das Gap-Modell viele Mängel auf Verständigungsprobleme zurück: Es fehlt die gemeinsame Basis, das gemeinsame Verständnis, so dass Enttäuschungen vielfach aus der unterschiedlichen Interpretation entstehen.

Das Gap-Modell identifiziert fünf Lücken (Gaps), wobei erschwerend hinzu kommt, dass diese Gaps aufeinander aufbauen:

- **Gap 1: Lücke zwischen Gästeerwartung und deren Wahrnehmung durch das Management.** Um adäquate Angebote zu entwickeln, benötigt das Management ein Verständnis für die Erwartungen und Bedürfnisse der jeweiligen Zielgruppe. Bereits hier kommt es zu Fehlinterpretationen und Fehleinschätzungen. Beispiel: Das Management des Luxushotels geht davon aus, dass die Gäste auch in Zukunft gediegene Eleganz, Kaviar vom Perlmuttlöffel und sanfte Berieselung mit klassischer Musik bevorzugen. Die neue Erbengeneration jedoch erwartet den hoteleigenen Golfplatz, Helikopter-Dinner sowie Playstation, iPod-Anschluss und 40-Zoll-LCD-Bildschirm im Zimmer.
- **Gap 2: Lücke zwischen der Wahrnehmung der Gästeerwartung durch das Management und der Spezifikation des Angebotes und der zu erbringenden Qualität.** Das zu entwickelnde Angebot ist immer ein Kompromiss zwischen den betriebswirtschaftlichen Erfordernissen des Unternehmens und den (wahrgenommenen) Bedürfnissen der Zielgruppe. Beispiel: Es wird erwartet, dass die Gäste Kaviar und Champagner wünschen. Statt der Premium-Marken wird aus Kostengründen allerdings jeweils eine günstigere Sorte gewählt und statt Perlmutt- gibt es Plastiklöffel. Dies bleibt dem Gast natürlich nicht verborgen.

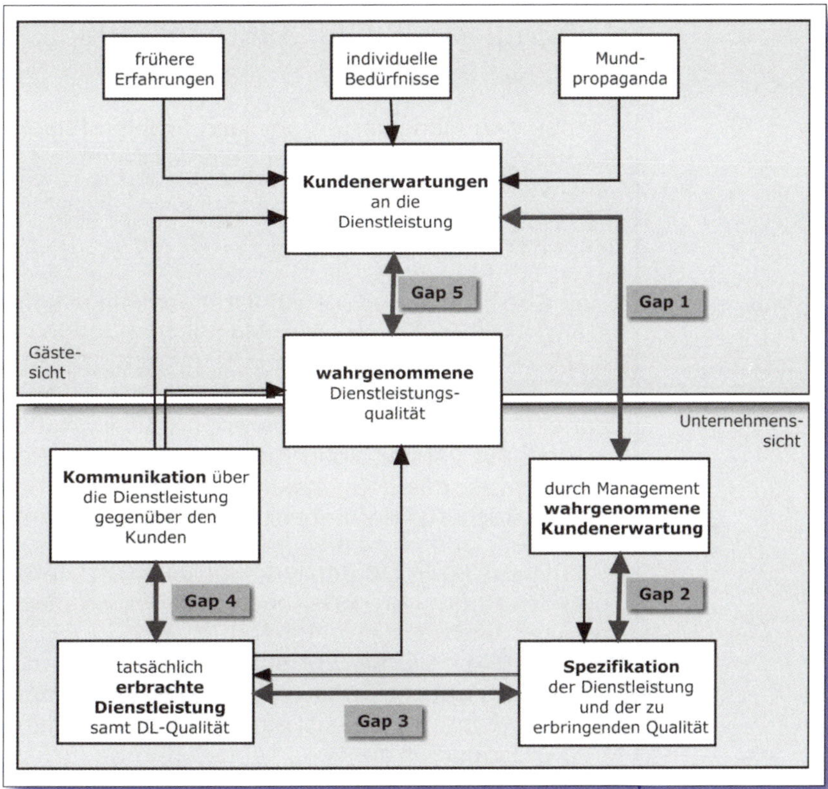

Abb.: Gap-Modell der Dienstleistungsqualität

- **Gap 3: Lücke zwischen spezifiziertem Angebot und zu erbringender Qualität und der tatsächlich erbrachten Leistung.** Die konkrete Umsetzung des Angebotes weicht von der Spezifikation ab, da Anweisungen vom Personal unterschiedlich interpretiert werden können, für bestimmte Prozesse keine klaren Vorgaben existieren und sich das Personal unter Umständen auch eigene Regeln gibt, die die Arbeit vereinfachen sollen. Beispiel: Das Personal serviert Kaviar und Champagner eher missmutig, das Geschirr ist nicht auf Hochglanz poliert.
- **Gap 4: Lücke zwischen erbrachter Leistung und der Kundenkommunikation über die Leistung beziehungsweise das Angebot.** Die tatsächlich erbrachte Leistung sowie das zugrunde liegende Angebot werden dem Gast gerne mit blumigen Worten und einer Katalog- und Marketingsprache schmackhaft gemacht. Durch Verklausulierungen wird dabei unter Umständen eine Erwartung beim Gast geweckt, die sich in der Realität nicht bestätigt. Beispiel: Das eher durchschnittliche und nicht besonders elitär servierte

Kaviar-und-Champagner-Angebot wird als »Our Special Luxury Champagne-and-Caviar-Brunch« gepriesen – der Gast erwartet sich dadurch jedoch mehr Luxus, Exklusivität und ein umfangreicheres Angebot.

- **Gap 5: Lücke zwischen Kundenerwartung und Wahrnehmung der erbrachten Leistung.** Zwangsläufig entsteht so eine Lücke zwischen der ursprünglichen Gästeerwartung und der erbrachten Leistung, so wie sie vom Gast wahrgenommen wird. Diese Differenzen sind es, die vielfach zu Reklamationen und negativen Beurteilungen durch die Gäste führen. Beispiel: Die tatsächliche Kundenerwartung mit Golfplatz, Playstation und LCD-Bildschirm weicht stark vom erbrachten Angebot ab (Champagner-und-Kaviar-Brunch) ab, für den Gast wiegt das Fehlen des einen schwerer, als das Vorhandensein des anderen dies wieder ausgleichen könnte.

Das Wissen um diese Gaps kann helfen, die Lücken möglichst klein zu halten. Ganz wird man die Lücken jedoch nie schließen können, da neben den Interessen der Gäste auch die des Unternehmens und des Managements sowie des Personals berücksichtigt werden müssen und betriebswirtschaftliche wie ressourcenbedingte Beschränkungen zu beachten sind.

Aufgabe

Machen Sie sich das Gap-Modell und seine Auswirkungen auf Ihr Unternehmen klar: Hinterfragen Sie für Ihre Angebote, inwieweit sich die verschiedenen Lücken auswirken. Untersuchen Sie besonders auch die Diskrepanz zwischen dem vom Management spezifizierten Angebot und der tatsächlichen Ausgestaltung, so wie sie den Gast erreicht. Dazu können Sie zunächst ein hochwertiges Angebot aus dem eigenen Programm auswählen und sich selbst präsentieren lassen. Setzen Sie dies mit anderen Angeboten fort.

3.4 Protokollierung: Logbuch

Wir haben bereits angedeutet, dass Sie für die Erkennung und Behebung der verborgenen Mängel nicht umhin kommen, umfangreiche Daten zu erheben und auszuwerten. Dies mag auf den ersten Blick sehr aufwändig und damit kostentreibend wirken – tatsächlich ist es der Preis dafür, an anderer Stelle Kosten einzusparen und die Effizienz sowie die Kundenzufriedenheit zu steigern.

Das einfachste Instrument hierfür, das zudem vielfältig im Rahmen des Qualitätsmanagements eingesetzt werden kann, ist die **Protokollierung** von Ereignissen.

Sie sollte zur dauerhaften Aufzeichnung von Beschwerden und besonderen Vorkommnissen genutzt werden – just in time. Dazu liegt ein Protokoll- oder Logbuch aus, in das jeder Mitarbeiter entsprechende Eintragungen vornimmt (unter Umständen bietet es sich an, mehrere dieser Logbücher für die verschiedenen Bereiche des Unternehmens zu führen).

Alle Eintragungen sind mit Uhrzeit, Datum, Namen des Mitarbeiters, Namen des betroffenen Gastes (ggf. Zimmernummer) sowie einer Problembeschreibung und der Beschreibung der akut eingeleiteten Gegenmaßnahmen vorzunehmen. Dabei sollte bei den Gegenmaßnahmen auch ersichtlich sein, ob weitere Aktionen notwendig sind und an wen gegebenenfalls die Verantwortung übergeben wurde. Damit alle relevanten Daten erfasst werden, kann das Logbuch entsprechend strukturiert werden.

Kampf der Zettelwirtschaft

Ein wichtiges Ziel dieses Logbuchs ist die Eliminierung von Zettelwirtschaft: Notizzettel, auch selbstklebende Post-its, tendieren dazu, im Rahmen der Kommunikation zwischen verschiedenen Mitarbeitern entweder nicht wahrgenommen zu werden oder zu verschwinden. Zudem besteht die Gefahr, dass der Vorgang später nicht mehr zur Auswertung erfasst und nachvollzogen werden kann.

Das »Logbuch zur Erfassung außergewöhnlicher, qualitätsrelevanter Ereignisse« gibt allen Vorkommnissen einen klaren Dokumentationsort. Das Protokoll dient so der Übergabe von einer Schicht auf die nächste, ist aber auch für das Management ein wichtiges Instrument bei der Auswertung.

Bei der Auswertung des Logbuchs werden Problemfelder kumuliert. Sie ergeben bereits Hinweise auf ernste Problembereiche, die im Berichtszeitraum aufgetreten sind.

Aufgabe

Starten Sie Ihr eigenes Qualitäts-Logbuch. Sofort!

Im folgenden Kapitel lernen Sie weitere nützliche Instrumente und Maßnahmen kennen, die nicht singulär wirken, sondern als Bestandteile eines umfassenden Qualitätsregelkreises verstanden werden können.

Teil 4: Vorbeugende Maßnahmen und Instrumente der Qualitätssicherung und des Qualitätsmanagements

Kunden fordern heute in allen Branchen immer neue, variantenreiche und innovative Produkte und Angebote mit höherem Qualitätsniveau in immer kürzerer Zeit und zu immer niedrigeren Preisen. Damit steigt die Komplexität der Produkte und beteiligten Prozesse. Dies führt dazu, dass auch die Wahrscheinlichkeit wächst, dass Fehler auftreten und Kunden mit der Qualität unzufrieden sind.

Vorbeugen ist besser als Reparieren

Daher reicht es längst nicht mehr aus, erst dann aktiv zu werden, wenn es zu Fehlern und Qualitätsmängeln kommt. Vielmehr ist vorbeugendes Handeln gefordert: Qualitätssicherung und Qualitätsmanagement werden zu einem permanent mitlaufenden, kontinuierlichen Verbesserungs- und Fehleranalyse-Programm.

Benötigt werden für diese Aufgaben geeignete Qualitätsmanagement-Werkzeuge, Maßnahmen und Instrumente, die die Fehlererkennung und die Ursachenbeseitigung vereinfachen und automatisieren.

4.1 Elementare Werkzeuge der Qualitätssicherung (Q7) und Qualitätssteuerung (M7)

Der japanische »Qualitäts-Guru« Professor Kaoru Ishikawa entwickelte 1962 das Gruppenarbeitskonzept »quality circle« (in Deutschland als *Qualitätszirkel* bekannt), welches auf Freiwilligkeit, Mitarbeiterorientierung und Respekt vor dem Menschen beruht. Auf ihn geht auch die Auswahl und Zusammenstellung der »sieben elementaren Qualitätswerkzeuge« (Q7) zurück. Diesen »klassischen« Qualitätstechniken, die auch heute noch selbstverständlich sind, wurden neue Methoden zur Seite gestellt.

Nachdem sich die »elementaren Werkzeuge der Qualitätssicherung« (Q7) in ihrer Anwendung bewährt hatten, wurden weitere sieben »neue« Werkzeuge, die »Managementwerkzeuge zur Qualitätssteuerung« (M7) ausgewählt und eingeführt.

Später wurden mit den D7 sieben spezielle Qualitätswerkzeuge für den Dienstleistungsbereich zusammengestellt, die im Kapitel 4.2 ausführlich vorgestellt werden.

Da die Qualitätswerkzeuge (Q7) und die Managementwerkzeuge (M7) nicht speziell für den Dienstleistungssektor adaptiert sind und die Instrumente weithin bekannt sind, beschränken wir uns hier auf eine kurze Übersicht.

4.1.1 Qualitätswerkzeuge (Q7)

Einsatz in der Problemlösung

Bei den sieben elementaren Qualitätsmanagement-Werkzeugen handelt es sich um eine Sammlung von Methoden, die allgemein bei Problemlösungsprozessen zum Einsatz kommen können. In der Kombination entwickeln sie ihre Stärke, da sie den gesamten Qualitätsregelkreis abdecken.

Die sieben Werkzeuge im Einzelnen:

- **Fehlersammelliste:** Sie dient der Fehlererfassung. Es handelt sich um eine einfache Liste, in der für alle wichtigen Fehlerklassen eine Zeile vorhanden ist, in der das Auftreten des jeweiligen Fehlers in Form einer einfachen Strichliste festgehalten wird. Solche Fehlersammellisten eignen sich beispielsweise dazu, durch das Personal unmittelbar auftretende Mängel und gemeldete Beschwerden im Empfangsbereich zu erfassen und so zu klassifizieren. Die Häufigkeit der Fehlerarten kann sofort abgelesen werden.
- **Histogramm:** Auch das Histogramm dient der Fehlererfassung. Hier werden allerdings Messergebnisse, beispielsweise für einen Fertigungswert eines Bauteils, erfasst, gruppiert und die jeweilige Häufigkeit als Säulendiagramm (Histogramm) aufgezeichnet. Aus dem Diagramm ist sowohl die Fertigungstoleranz erkennbar wie die Zahl der produzierten Bauteile, die außerhalb der Toleranzgrenzen liegen. Histogramme können im Gastgewerbe beispielsweise genutzt werden, um die durchschnittliche Wartezeit von Gästen bei einem bestimmten Prozess wie Check-in oder Zeit zwischen Bestellung und Servieren zu erfassen.
- **Qualitätsregelkarte:** Auch dieses Instrument dient der Fehlererfassung. Auf der Qualitätsregelkarte wird ein Messwert in regelmäßigen Abständen erfasst. Für diesen Wert existiert ein

Sollwert, der Messwert weicht in der Regel nach oben oder unten ab. Zusätzlich enthält das Diagramm auf der Qualitätsregelkarte jeweils Linien für den oberen und unteren Toleranzwert sowie für den oberen und unteren Eingriffswert. Diese wurden vorher festgelegt, ebenso wie die Maßnahmen bei Überschreiten der oberen bzw. unteren Eingriffswerte. Es gibt unterschiedliche Regelkartentypen, die alle nach dem gleichen Prinzip arbeiten. Das Werkzeug ist hervorragend geeignet, in der Industrie beispielsweise rechtzeitig Werkzeugwechsel zu veranlassen, bevor die Gefahr besteht, Ausschuss zu produzieren. Denkbar wäre es beispielsweise, dieses Instrument in abgewandelter Form in der Küche einzusetzen, um für gleichmäßige Portionsgrößen von Frikadellen, Steaks oder Salatportionen zu sorgen: Die Speisen bzw. Zutaten werden gewogen und bei Über- bzw. Unterschreiten vorgegebener Grenzwerte nicht in den Verkehr gebracht.

- **Paretodiagramm:** Mit Hilfe des Paretodiagramms werden aus vielen möglichen Ursachen eines Problems diejenigen herausgefiltert, die den größten Einfluss haben. Dabei kann die Wichtigkeit einer Ursache direkt aus dem Säulendiagramm abgelesen werden. Das Werkzeug beruht auf dem Pareto-Prinzip, nach dem 20 Prozent der Ursachen für 80 Prozent der Fehler verantwortlich sind. Eine häufig gebräuchliche Untersuchungsgröße ist die mit Kosten (z.B. Nachbearbeitungskosten) bewertete Häufigkeit einer Fehlerursache. Über jeder Fehlerkategorie wird eine Säule gezeichnet, deren Höhe die Häufigkeit des Auftretens und die Gewichtung wiedergibt. Das Verfahren kann unmittelbar im Gastgewerbe eingesetzt werden, indem die jeweils notwendige Nachbearbeitungs-/Instandsetzungszeit und die entstehenden zusätzlichen Kosten (z.B. für ein nicht ordnungsgemäß für den Gästebezug vorbereitetes Zimmer oder für das durch Unachtsamkeit der Servicekraft ruinierte Kleid des Gastes) finanziell bewertet werden und mit der Häufigkeit des Auftretens des Fehlers pro Monat/Jahr multipliziert werden. Dabei kann sich ergeben, dass das ruinierte Kleid für 450 Euro zwar sehr ärgerlich für den Gast ist, aber durchschnittlich nur einmal im Jahr vorkommt; die Nacharbeit des Zimmermädchens beansprucht (mit Entdecken, Meldung und Behebung) jeweils durchschnittlich 12 Minuten, kommt aber im Monat durchschnittlich 15 Mal vor – kostet im Jahr also durchschnittlich 36 Arbeitsstunden zu einem kalkulatorischen Stundensatz von 25 Euro, insgesamt also 900 Euro.
- **Korrelationsdiagramm:** Das Korrelationsdiagramm untersucht die Beziehung zwischen zwei Merkmalen (in der Regel Messgrößen), die an einem Objekt paarweise erfasst werden. Die Merkmalsausprägungen entsprechen der horizontalen

und vertikalen Achse des Diagramms, die Paare werden als Punkte in das Diagramm eingetragen. Es handelt sich somit um ein Streudiagramm, das es erlaubt, anschaulich eine vermutete Ursache-Wirkungs-Beziehung zu überprüfen. Aus dem Diagramm lassen sich Aussagen zur Stärke und Richtung des Zusammenhangs ableiten, wobei berücksichtigt werden muss, dass es sich um rein statistische Ergebnisse handelt, die nichts über ursächliche Zusammenhänge aussagen. Im Gastgewerbe ist der Einsatz dieses Werkzeuges eher selten, da nur wenige Messgrößen vorliegen und diese selten in direkten Wirkzusammenhängen stehen.

- **Brainstorming:** Hierbei handelt es sich um eine Methode zur Ideenfindung, die durch Gruppenarbeit von fünf bis 15 Personen neue, ungewöhnliche Ideen hervorbringt. Am Anfang der moderierten Gruppenarbeit wird das Problem dargestellt, analysiert und präzisiert. Anschließend können bekannte Lösungen/Ideen diskutiert werden. Dann nennen die Teilnehmer spontan Ideen zur Lösungsfindung, wobei sie sich im optimalen Fall gegenseitig inspirieren und untereinander Gesichtspunkte in neue Lösungsansätze und Ideen einfließen lassen. In der Kreativphase sind negative Äußerungen, Bewertungen und Kritik tabu. Ein Protokollführer zeichnet alle Ideen auf, die in der zweiten, moderierten Phase sortiert und bewertet werden. Brainstorming ist eine der bekanntesten Kreativtechniken und hat zahlreiche Varianten hervorgebracht, wie das Brainwriting, bei dem die Ideen von den Teilnehmern selbst auf Karten notiert werden. Typisch ist, dass sich viele gesammelte Ideen (oft mehr als 90 Prozent) als unbrauchbar erweisen und sich das Instrument besonders gut für Problemarten einfacher Komplexität eignet. Der Einsatz von Brainstorming und seinen Varianten ist völlig unabhängig vom Einsatzszenario und kann auch im Gastgewerbe sehr gut zur Ideenfindung eingesetzt werden.
- **Ursache-Wirkungs-Diagramm:** Diese von Kaoru Ishikawa selbst entwickelte Diagrammform stellt Kausalitätsbeziehungen anschaulich dar. In Form einer Fischgräte (daher auch Fischgräten-Diagramm genannt) werden die möglichen Fehlerursachen, die eine bestimmte Wirkung auslösen, in Haupt- und Nebenursachen zerlegt. Anschließend folgt eine grafische Strukturierung der Ursachen, um eine übersichtliche Gesamtbetrachtung zu ermöglichen. Ziel ist es, alle Problemursachen zu identifizieren und mit Hilfe des Diagramms ihre Abhängigkeiten darzustellen. Auch dieses Werkzeug lässt sich unmittelbar im Gastgewerbe einsetzen, beispielsweise bei der Beurteilung der Ursachen für ein bestimmtes Gästeverhalten oder auch zur Analyse, warum ein bestimmter Mangel aufgetreten ist bzw. häufiger auftritt als andere.

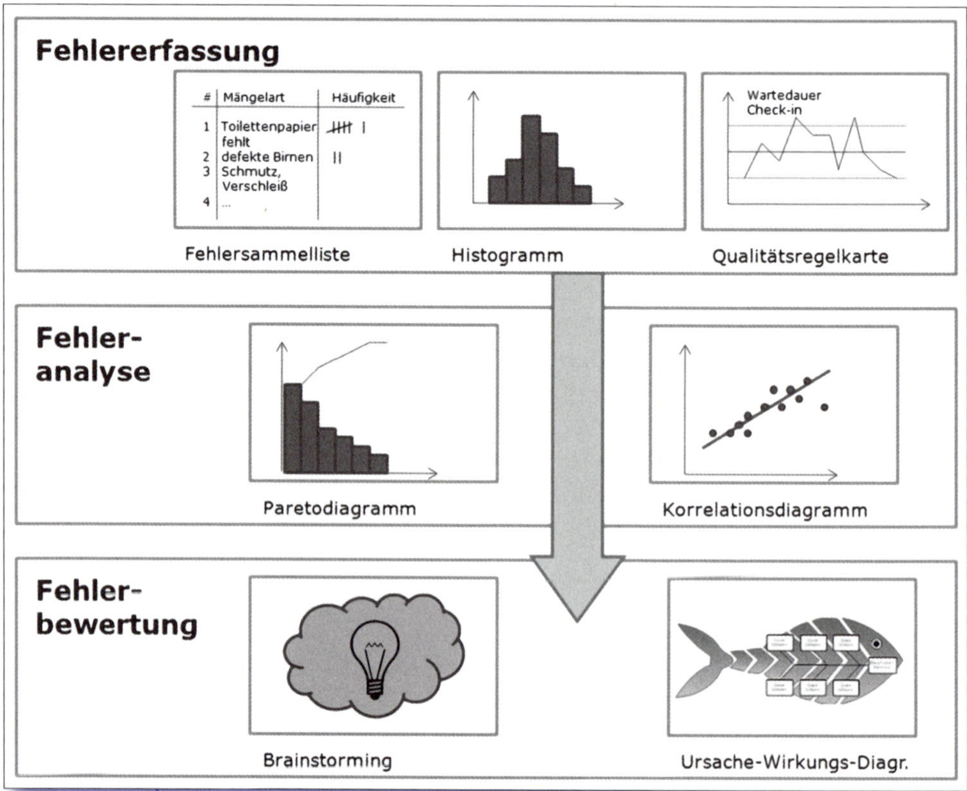

Abb.: Übersicht über die sieben Qualitätswerkzeuge (Q7) und ihre Einsatzgebiete (nach Theden, Qualitätstechniken, Hanser, 2002)

Bei den sieben elementaren Qualitätswerkzeugen (Q7) handelt es sich somit um ein einfach anzuwendendes Instrumentarium, das alle wichtigen Aufgaben im Qualitätsmanagement abdeckt. Allerdings sind die Werkzeuge stark auf das produzierende Gewerbe ausgerichtet und orientieren sich vielfach an Messgrößen, die im Dienstleistungssektor nur bedingt zur Verfügung stehen beziehungsweise zwischen einzelnen Vorgängen nur bedingt miteinander verglichen werden können. Die D7, die wir im Kapitel 4.2 besprechen, sind speziell auf den Dienstleistungssektor ausgerichtet und ergänzen die Q7-Basiswerkzeuge optimal.

Erstellung des Ursache-Wirkungs-Diagramms

Die Vorgehensweise besteht aus fünf aufeinanderfolgenden Schritten.

1. **U-W-Diagramm zeichnen und die Haupteinflussgrößen eintragen**

   Ausgangspunkt ist ein horizontaler Pfeil nach rechts, an dessen Spitze das möglichst prägnant formulierte Problem steht, beispielsweise: schlechte Kundenberatung. Darauf stoßen schräg die Pfeile der Haupteinflussgrößen, die zu einer bestimmten Wirkung führen. Ein Pfeil bedeutet: »… trägt dazu bei, dass …«

   Ursprüngliche Haupteinflussgrößen wie zum Beispiel die 4M – Material, Maschine, Methode, Mensch – bzw. 8M – ergänzt um Management, Mitwelt, Messung und Money – werden heute von sämtlichen sonstigen, notwendigen Einflussgrößen, beispielsweise Prozesse und Umfeld, ergänzt.

2. **Haupt- und Nebenursachen erarbeiten**

   Unter Verwendung von Kreativitätstechniken werden potenzielle Ursachen erforscht. In Form von kleineren Pfeilen werden diese auf der Linie der jeweiligen Haupteinflussgrößen dargestellt. Liegen diesen Ursachen wiederum weitere Ursachen zugrunde, so kann weiter verzweigt werden; somit ergibt sich eine immer feinere Verästelung.

3. **Vollständigkeit überprüfen**

   Überprüfung, ob wirklich alle möglichen Ursachen berücksichtigt wurden. Durch die Visualisierung ist es oft leichter, weitere Ursachen zu finden.

4. **Auswahl der wahrscheinlichen Aussagen**

   Potenzielle Ursachen werden bezüglich ihrer Bedeutung und Einflussnahme auf das Problem gewichtet. Weiter wird die Ursache mit der höchsten Wahrscheinlichkeit bestimmt.

5. **Überprüfung der wahrscheinlichsten Ursache auf Richtigkeit**

   Anhand der Kenntnisse und Erfahrungen von Fachkräften wird abschließend analysiert, ob auch tatsächlich die richtige Ursache für das Problem ermittelt wurde.

[Quelle: Wikipedia]

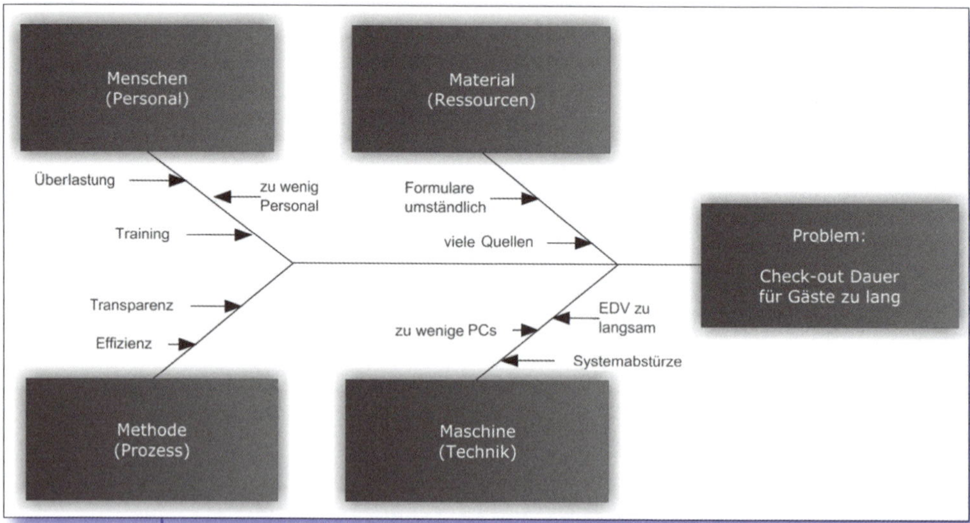

Abb.: Ein einfaches Ursache-Wirkungs-Diagramm für das Problem zu langer Check-out-Dauer in einem Hotel, beschränkt auf die ursprünglichen 4M

Ihr Erfolgspotenzial

Bei den sieben vorgestellten Qualitätswerkzeugen (Q7) handelt es sich um einfach zu handhabende, aber trotzdem leistungsfähige Methoden zum Qualitätsmanagement. Machen Sie sich mit den einzelnen Werkzeugen vertraut und überlegen Sie, wo sie in Ihrem Unternehmen zur Sicherung der Qualität sinnvoll eingesetzt werden können! Beachten Sie, dass die Werkzeuge nicht unbedingt von Ihnen selbst genutzt werden müssen, sondern auch eine wertvolle Arbeitshilfe für Ihr Personal darstellen können.

4.1.2 Managementwerkzeuge (M7)

Für Planung und Entwicklung gut geeignet

Die sieben Managementwerkzeuge (M7) stellen ein Werkzeugset zur Verfügung, um einen Problemlöseprozess durch Visualisierung und Strukturierung von Informationen zu unterstützen. Anders als die Q7 eignen sich die M7 vor allem zum Einsatz in der Planungs- und Entwicklungsphase, in der noch kein Zahlenmaterial vorliegt. Damit sind diese Werkzeuge auch für viele QM-Aufgaben im Dienstleistungsbereich geeignet.

Die Werkzeuge decken die Bereiche Datenanalyse, Lösungsfindung und Umsetzung ab. Sie sind wie die Q7 sowohl einzeln einsetzbar als auch in Kombination nutzbar. Die sieben Werkzeuge in der Übersicht mit einer Kurzbeschreibung:

- **Affinitätsdiagramm:** Dieses Diagramm dient der Datenanalyse und hat die Aufgabe, Ordnung in eine große ungeordnete Informationsmenge zu bringen. Dazu werden die vorliegenden Daten bzw. Ideen unter Überschriften gruppiert. Es handelt sich damit um ein einfaches Clustering von Informationen, wobei der Festlegung der Überschriften (Kategorien/Rubriken) besondere Aufmerksamkeit geschenkt werden sollte. Das Verfahren eignet sich zum Beispiel für die Auswertung von Vorschlägen aus einem Ideenwettbewerb (Vorschlagswesen), aber auch für viele weitere Aufgaben.

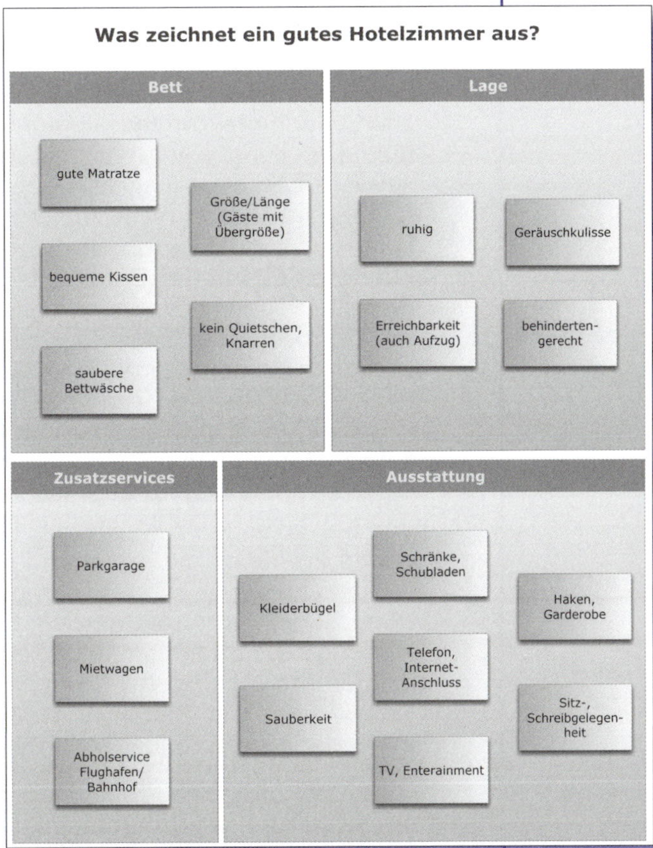

Abb.: Mittels Affinitätsdiagrammen werden unstrukturiert vorliegende Ideen oder Daten strukturiert und zu Gruppen zusammengefasst.

- **Relationsdiagramm:** Gruppentechnik zur Veranschaulichung von Wechselwirkungen zwischen den Ursachen eines

Problems. Das Relationsdiagramm erlaubt eine geordnete Darstellung von Ursache-Wirkungs-Beziehungen zwischen verschiedenen Aspekten eines Problems. Die einzelnen Faktoren werden gesammelt, auf Karten (5 bis 25) notiert, nacheinander angeordnet und die Beziehung durch Wirkungspfeile veranschaulicht. Dabei darf ein Pfeil nur in eine Richtung zeigen, von der Ursache zur Wirkung. Durch Auszählen der Pfeile, die von einem Merkmal ausgehen und zu ihm hinführen, lässt sich die sogenannte Wirkungszahl ermitteln. Positive Wirkungszahlen, wenn also mehr Pfeile von einem Merkmal ausgehen als hinführen, zeigen einen aktiven Einfluss, während negative Zahlen ein passives Merkmal charakterisieren. Auch im Gastgewerbe ist diese Gruppentechnik geeignet, Abhängigkeiten aufzudecken, die beispielsweise bestimmten Problemarten zugrunde liegen.

- **Baumdiagramm:** Dabei handelt es sich um eine graphische Darstellung, die die Beziehungen zwischen einzelnen Elementen eines Netzwerkes zueinander (also ihre Verwandtschaft oder hierarchische Abhängigkeiten) durch Verbindungslinien zeigt. Baumdiagramme eignen sich gut zur Ermittlung und Strukturierung von Ursachen eines zu lösenden Problems sowie zur Prozessanalyse. Dabei ist darauf zu achten, dass die ersten Ebenen nicht zu spezifisch formuliert werden. Es sollte sich eine Top-Down-Struktur ergeben, bei der von Ebene zu Ebene der Detaillierungsgrad zunimmt. Baumdiagramme können genutzt werden, um z.B. komplexe Prozesse wie Check-in oder Check-out zu strukturieren. Von der verborgenen Komplexität soll der Gast in der Regel nichts merken, es ist allerdings entscheidend, dass das Personal die Prozesse ebenso wie Ausnahmen und Sonderfälle genau kennt – hierzu kann das Baumdiagramm genutzt werden.
- **Matrixdiagramm:** Hier steht die systematische Auflistung und Bewertung von Wechselbeziehungen zwischen verschiedenen Problemdimensionen im Mittelpunkt. Viele Probleme im Rahmen der Qualitätssicherung können in unterschiedliche Dimensionen unterteilt werden, für die jeweils eine Reihe von Merkmalsausprägungen festgelegt werden kann. Das Matrixdiagramm wird eingesetzt, um zwei (L-Matrix), drei (T- und Y-Matrix) oder vier Dimensionen (Z-Matrix) mit jeweils bis zu 20 Merkmalsausprägungen hinsichtlich der Wechselbeziehungen zu analysieren. Jede Zelle der Matrix, die durch Zeilen und Spalten festgelegt wird, stellt eine mögliche Beziehung zwischen zwei Merkmalsausprägungen unterschiedlicher Dimensionen dar. Durch Symbole können nun beispielsweise Abhängigkeiten nicht nur identifiziert, sondern auch gewichtet werden. Dazu wird beispielsweise mit Symbolen wie ○, ◔, ◑, ◕, ●, ↑, ↓ oder ++, +, o, -, -- gearbeitet. Matrixdiagramme

eignen sich im Gastgewerbe auch, um Szenarioanalysen durchzuführen: So kann in Abhängigkeit von Außentemperatur und Wetter die Beliebtheit bestimmter Getränke und Speisen untersucht werden, aber auch die Preissensitivität bestimmter Kundensegmente in bezug auf einzelne Angebote und Angebotsbestandteile und ihre Nachfrage.

- **Portfolio:** In einem Portfolio werden mehrere Objekte relativ zueinander bewertet. Dabei wird ein Diagramm erstellt, das als Achsen zwei Dimensionen (Untersuchungskriterien) zeigt, bei denen die Merkmalsausprägung jeweils eine Skala von (sehr) hoch über mittel bis (sehr) gering abdeckt. Für jedes Objekt werden die Merkmalsausprägungen ermittelt und das Objekt im Portfolio-Diagramm eingezeichnet. Durch Größe oder Farbe der Darstellung können weitere Parameter wie die Marktbedeutung des Objektes in das Diagramm aufgenommen werden. Die Darstellung eignet sich für viele Einsatzbereiche, so beispielsweise für Wettbewerberanalysen und den Vergleich alternativer Angebote, die evaluiert werden sollen.
- **Netzplan:** Die Netzplantechnik ist ein Verfahren zur Analyse, Planung, Steuerung und Überwachung von Abläufen auf der Grundlage der Graphentheorie, wobei Zeit, Kosten, Einsatzmittel und Ressourcen berücksichtigt werden können. Der

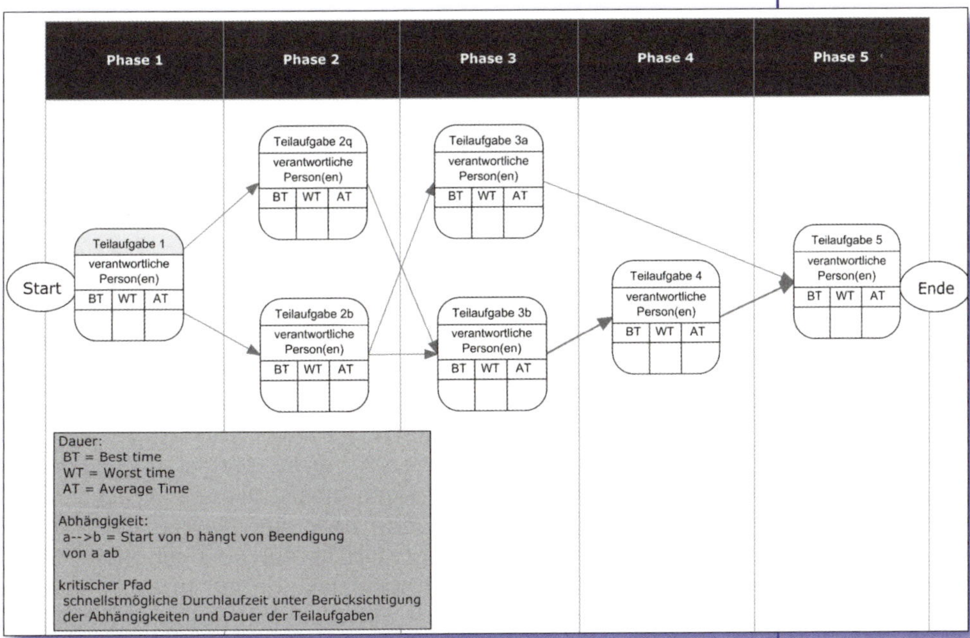

Abb.: Prinzipielle Struktur eines Netzplans

Netzplan kommt häufig im Projektmanagement zum Einsatz, um kritische Pfade und die Gesamtdauer eines Projektes zu ermitteln. Dazu werden alle Vorgänge soweit wie möglich untergliedert und danach jeweils die Dauer sowie die als Vorbedingung zuvor abgeschlossenen Vorgänge notiert. Daraus können (bei festgelegtem Start- und Endvorgang) die optimale Vorgangsreihenfolge, die kritischen Abhängigkeiten und die minimale Gesamtdauer ermittelt werden. Das Instrument kann sehr gut durch Software unterstützt werden, was dann auch schnelle »Was wäre, wenn ...«-Analysen ermöglicht.

- **Problem-Entscheidungsplan:** Dieses Instrument dient der frühzeitigen Erkennung von möglichen Schwierigkeiten bereits in der Planungsphase, um rechtzeitige Gegenmaßnahmen planen und einleiten zu können. Der Problem-Entscheidungsplan wird in vier Stufen entwickelt. Zunächst wird der zu untersuchende Vorgang in einzelne Prozessschritte untergliedert, diese werden auf der linken Seite der Darstellung in ihrer natürlichen Reihenfolge untereinander notiert und mit Pfeilen verbunden. Im zweiten Schritt werden für jeden identifizierten Prozessschritt in der Mitte der Darstellung jeweils die möglichen Probleme zusammengetragen, die sich bei der Ausführung ergeben können. Sie werden jeweils mit horizontalen Linien dem passenden Prozessschritt zugeordnet. Im dritten Schritt werden auf der rechten Seite für jedes identifizierte Problem (zunächst unabhängig vom Gesamtszenario) denkbare Gegenmaßnahmen notiert, die wiederum den Problemen zugeordnet werden. Im letzten Schritt erfolgen die Bewertung der so gefundenen Gegenmaßnahmen und die Auswahl der geeignetsten Lösungen. Der Problem-Entscheidungsplan hat den Vorteil, dass er komplexe Abläufe strukturiert und dem Anwender hilft, sich in der Folge jeweils nur auf ein Teilproblem zu konzentrieren.

Die M7 stellen ein leistungsfähiges Set an Managementwerkzeugen im Rahmen des Qualitätsmanagements dar. Die Instrumente sind einfach zu handhaben, liefern aber trotzdem wertvolle Erkenntnisse und Resultate für die Praxis.

Aufgabe

Überlegen Sie, wie Sie die M7 sinnvoll in Ihrem Unternehmen zum Einsatz bringen können!

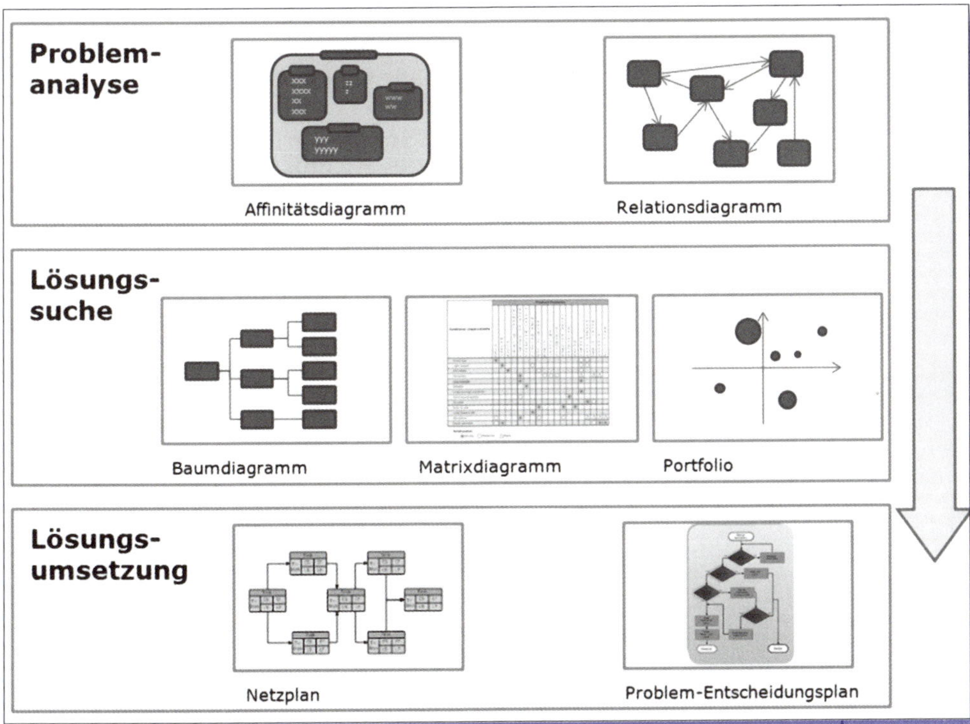

Abb.: Übersicht über die sieben Managementwerkzeuge (M7) und deren Zusammenspiel (nach Theden, Qualitätstechniken, Hanser, 2002)

4.1.3 Weitere Werkzeuge

Neben den vorgestellten Werkzeugen Q7 und M7 sowie den auf die Dienstleistungsbranchen ausgerichteten D7 (siehe folgendes Kapitel), wurde mittlerweile eine Vielzahl weiterer Werkzeugsets für das Qualitätsmanagement entwickelt.

Da sich der Qualitätsbegriff immer mehr von der rein technischen Qualität von Maschinen, Material, Werkzeugen oder Methoden über die Prozessqualität in Form von Wissen, Organisation, Qualifikation und Prozessorientierung bis hin zur sozialen Qualität bezüglich Kommunikation und Teamarbeit wandelt, decken diese neuen Werkzeugsets vor allem die neuen Bereiche ab. Beispiele für diese neuen Qualitätswerkzeuge sind die K7 (Kreativitätstechniken) und COM7 (Kommunikationstechniken).

K7: Kreativitätstechniken, COM7: Kommunikationstechniken

Da sie jedoch keine spezielle übergeordnete Relevanz für die Qualitätssicherung und das Qualitätsmanagement im Gastgewerbe haben, wird auf sie hier nicht weiter eingegangen.

4.2 Sieben Qualitätstechniken für den Dienstleistungsbereich (D7)

Bei den D7 handelt es sich um sieben ausgewählte Werkzeuge und Methoden, die im Qualitätsmanagement zum Einsatz kommen und die speziell auf den Dienstleistungssektor zugeschnitten sind. Aus diesem Grund betrachten wir diese Methoden ein wenig genauer.

4.2.1 Vignetten-Technik

Die Vignetten-Technik dient dem Design und der Entwicklung neuer Angebote und Angebotsvarianten. Die klassische Befragung von Gästen und potenziellen Zielgruppen führt hier nicht wirklich weiter, da die Antworten sehr stark auf bereits bekannte, vorhandene Angebote reflektieren würden. Neue, innovative Angebote können von den Befragten aber kaum beurteilt werden, weil sie sie nicht kennen.

Feedback zu Angeboten, die in Entwicklung sind

Die Vignetten-Technik erlaubt es, Feedback zu Angeboten und Dienstleistungen einzuholen, die noch gar nicht angeboten werden. Dies ist für die Neuentwicklung sowie die Repositionierung von Angeboten in Hotel und Restaurant von großer Bedeutung. Dabei werden für das neue Angebot (beispielsweise durch Kundeninterviews oder Expertenbefragungen) zunächst die kritischen Eigenschaften herausgefiltert, die den Kunden besonders wichtig sind. Dabei sollten maximal die Top-5 der Merkmale zur weiteren Untersuchung herangezogen werden.

Für die herausgearbeiteten, zentralen Qualitätsmerkmale wird in der Folge jeweils eine festgelegte Zahl (2 bis 3) möglicher Ausprägungen erarbeitet, so dass sich in der Folge im Fall von zwei Varianten je Merkmal und fünf Merkmalen insgesamt $2^5=32$ Kombinationen ergeben. Diese entsprechen jeweils einer Vignette des künftigen Angebotes. Diese Vignetten werden jeweils auf einzelnen Karten notiert und mit fortlaufenden Nummern versehen.

In der Hauptbefragung werden dem Kunden nun paarweise jeweils zwei Karten (Vignetten) zum Vergleich vorgelegt und er muss sich entscheiden, welche Vignette er bevorzugt. Die bevorzugte Variante erhält 2, die andere 0 Punkte. Findet der Proband beide Varianten gleichwertig, so erhalten beide einen Punkt. Auf diese Weise werden *alle* Vignetten paarweise miteinander verglichen, wobei *einzelnen* Probanden nicht mehr als zehn Vignetten (5 Paare) vorgelegt werden sollten. Um aussagekräftige Resultate zu erzielen, sollten zudem alle Vignetten mindestens 25-mal bewertet werden.

Das Ergebnis kann in einer Matrix veranschaulicht werden und liefert aufgrund der vergebenen Punkte eine Rangfolge der Vignetten und ihrer Bevorzugung.

Die Vignetten-Technik kann variiert werden, liefert aber mit vergleichsweise geringem Aufwand sehr aussagekräftige Resultate, die für die Planung und das Design neuer Serviceangebote genutzt werden können. Es ist allerdings darauf zu achten, dass mit zunehmender Anzahl von Merkmalen und Varianten die Zahl der Vignetten exponentiell steigt. Eine sinnvolle Auswertung ist dann nur mit erheblichem Aufwand und einer großen Zahl befragter Personen möglich.

Aufgabe

Testen Sie den Einsatz der Vignetten-Technik zunächst intern an einem einfachen Beispiel, um sich mit dem Instrument vertraut zu machen! Verwenden Sie das Instrument anschließend immer dann, wenn es darum geht, neue Angebote und Angebotsbestandteile zu planen.

4.2.2 Service-Blueprinting

Darstellung von Prozessen

Service-Blueprinting kommt im Rahmen der Prozessdarstellung und -visualisierung zum Einsatz. Es handelt sich um eine Gruppentechnik, bei der in einer moderierten Sitzung ein Dienstleistungsprozess visualisiert und in einem Ablaufdiagramm dargestellt wird. Dabei ist von entscheidender Bedeutung, den Prozess aus Sicht des Kunden bzw. Gastes zu dokumentieren, nicht aus Sicht des Unternehmens. Daher bietet es sich an, auch reale Gäste beim Service-Blueprinting einzubinden.

Entscheidend ist zunächst die Abgrenzung des Prozesses, das heißt die Festlegung der externen bzw. internen Start- und Endbedingungen. Zudem müssen sich alle Beteiligten über Umfang, Ablauf und Ziel des Vorganges einig sein.

Im Rahmen der Gruppenarbeit gilt es dann, den Prozess in einzelne Transaktionen zu untergliedern, Unterprozesse zu identifizieren und Kontaktpunkte zu definieren. Die Teammitglieder haben dann die Aufgabe, die Prozesselemente nach verschiedenen Arten zu differenzieren, insbesondere:

- Aktionen des Anbieters
- Aktionen des Gastes
- definierte Ereignisse
- Entscheidungspunkte
- mögliche Fehlerquellen
- benötigte Angaben/Daten als Input
- resultierende Angaben/Daten als Output

Daraus entsteht ein Ablaufdiagramm, das die einzelnen Prozessbestandteile und ihre Aufeinanderfolge wiedergibt. Zusätzlich soll im Rahmen des Service-Blueprintings auch visualisiert werden, welche Prozesse und Abläufe vom Gast wahrgenommen werden (Transparenz) und welche zwar intern ablaufen, aber nicht für den Gast sichtbar sind.

Ergebnis ist eine Planungshilfe aus der Sicht des Gastes

Ergebnis des Service-Blueprintings ist eine Visualisierung des Prozesses aus Sicht des Kunden oder Gastes, die sowohl für die Qualitätssicherung (Fehlerquellen, Schwachstellen, Verantwortlichkeiten ...) als auch für die Instruktion der Mitarbeiter eine wertvolle Planungshilfe darstellt. Ergänzend kann das Ergebnis zur Kapazitätsplanung, aber auch zur Zuordnung von Zeitvorgaben und anderen Ressourcen genutzt werden, die zu erfüllen sind.

Das Service-Blueprinting kann dazu eingesetzt werden, eine Vielzahl von gastgewerblichen Prozessen zu strukturieren und zu visualisieren.

4.2.3 Sequenzielle Ereignismethode (SEM)

Gästebefragung zu Eindrücken und Erlebnissen

Das Ziel der SEM ist die Erfassung von Gästeerlebnissen und -eindrücken an den zuvor beispielsweise mittels Service-Blueprinting identifizierten Kontaktpunkten mit dem Zweck, die zu erfüllenden Qualitätsmerkmale durch Gästebefragung zu ermitteln. Die mündliche Befragung kann sich am Service-Blueprint orientieren, sollte aber berücksichtigen, dass der Gast dieses Modell nicht kennt. Der Interviewer stellt dem Gast offene Fragen zu seinen Eindrücken und Erlebnissen zu jedem Prozessschritt (Sequenz) und führt ihn so Schritt für Schritt gedanklich durch den gesamten Prozess.

Für bestehende und potenzielle Gäste geeignet

SEM eignet sich sowohl für Interviews mit bestehenden Gästen, die dabei ihre Erlebnisse schildern und die eigenen Erfahrungen mit dem Angebot und der Serviceleistung gedanklich erneut durchspielen, als auch für potenzielle neue Kunden, die das konkrete Angebot noch nicht kennen. Im zweiten Fall liefert SEM Hinweise auf die Erwartungshaltung, die sich aus der Erfahrung in vergleichbaren Situationen sowie dem eigenen Wunschdenken speist.

Im Rahmen des Interviews werden sowohl positive als auch negative Äußerungen protokolliert. Sie werden später kumuliert und nach den einzelnen Prozessstufen und Kontaktpunkten differenziert ausgewertet. Dabei gilt es, ähnliche Äußerungen zusammenzufassen und die Angaben nach Häufigkeit und Schwere zu gewichten.

Hinweise auf wichtige Leistungsmerkmale

Das Ergebnis der Auswertung liefert nicht nur Hinweise auf mögliche Schwachstellen und Problembereiche der Dienstleistung, sondern auch darauf, welche Qualitätsmerkmale den Befragten besonders wichtig sind.

Eine Variante der SEM ist die kritische Ereignismethode (Critical Incident Technique, CIT), bei der der Interviewte nach besonders positiven oder negativen Erlebnissen befragt wird. Die Idee dahinter ist, dass sich Gäste besonders stark gerade an diese extremen Erlebnisse erinnern und diese deshalb als so extrem empfunden wurden, weil sie kritische Qualitätsmerkmale für den Betroffenen berührten. Auch der Einsatz von Mystery Guests und die gezielte Beobachtung von Gästen fallen mit ihren Ergebnissen in diesen Bereich.

Aufgabe

SEM und CIT sind leistungsfähige Hilfsmittel, die wertvolle Einblicke dahingehend ermöglichen, wie Prozesse und Angebote aus Gästesicht wahrgenommen werden. Setzen Sie diese Werkzeuge gezielt ein, um Ihre erfolgsentscheidenden Prozesse aus Gästesicht zu bewerten!

4.2.4 Rating-Skalen: ServQual/RATER, ServPerf

Zur Messung der Dienstleistungsqualität

Die Qualitätsmessung kann mit Hilfe von Rating-Skalen effektiv erfolgen. ServQual ist ein standardisiertes Verfahren zur Messung der Qualität von Dienstleistungen und der daraus folgenden Kundenzufriedenheit. Entwickelt wurde das Verfahren in den 80er Jahren von Parasuraman, Zeithaml und Berry.

Das Verfahren (auch RATER-System genannt) basiert auf fünf Dimensionen:

- **Reliability:** korrekte und verlässliche Ausführung des Dienstes

- **Assurance:** Höflichkeit, Kompetenz, sicheres Auftreten
- **Tangibles:** äußeres Erscheinungsbild (Präsentationsform, Kleidung)
- **Empathy:** Einfühlungsvermögen der Mitarbeiter
- **Responsiveness:** Kundenfreundlichkeit (schnelles und aktives Reagieren auf Kunden)

Fragebogen

Die einzelnen Dimensionen werden durch einen Fragebogen mit 44 Einzelfragen bewertet, welche auf den zu messenden Service abgestimmt werden müssen. 22 Fragen dienen der Erfassung der Erwartungskompente (Soll), die restlichen betreffen die gleichen Themenbereiche, dienen jedoch der Erfassung der Wahrnehmungskomponente (Ist). Dabei wird eine siebenstufige Skala benutzt, deren Ausprägung von »stimme völlig zu« (7) bis »lehne ich völlig ab« (1) reicht.

Soll und Ist

Das ServQual-Modell sieht vor, dass die nachfolgenden Fragen zunächst so formuliert werden, dass der Zustand erfasst wird, wie er aus Sicht des Gastes sein sollte. Danach werden die gleichen Fragen umformuliert gestellt, diesmal mit dem Fokus auf den Ist-Zustand und seine Wahrnehmung.

	1	2	3	4	5	6	7
Reliability (Zuverlässigkeit)							
Das Versprechen, etwas zu einem bestimmten Termin zu erledigen, wird eingehalten.	☐	☐	☐	☐	☐	☐	☐
Die Mitarbeiter zeigen echtes Interesse, das Problem eines Gastes zu lösen.	☐	☐	☐	☐	☐	☐	☐
Die Dienstleistung wird gleich beim ersten Mal korrekt erbracht.	☐	☐	☐	☐	☐	☐	☐
Serviceleistungen werden zu den versprochenen Terminen erbracht.	☐	☐	☐	☐	☐	☐	☐
Gäste erhalten fehlerfreie Belege.	☐	☐	☐	☐	☐	☐	☐
Assurance (Souveränität)							
Das Verhalten des Personals erzeugt bei den Gästen Vertrauen.	☐	☐	☐	☐	☐	☐	☐
Transaktionen erfolgen sicher und zuverlässig.	☐	☐	☐	☐	☐	☐	☐
Gäste werden stets gleichbleibend höflich behandelt.	☐	☐	☐	☐	☐	☐	☐

Das Personal beantwortet Gästeanfragen mit fundiertem Sachverstand.	☐	☐	☐	☐	☐	☐	☐

Tangibles (Umfeld/Erscheinungsbild)

Das Unternehmen ist modern.	☐	☐	☐	☐	☐	☐	☐
Die Einrichtung fällt angenehm ins Auge.	☐	☐	☐	☐	☐	☐	☐
Das Personal ist makellos gekleidet.	☐	☐	☐	☐	☐	☐	☐
Broschüren, Website und sonstige Mitteilungen für die Gäste sind gut gestaltet und aussagekräftig.	☐	☐	☐	☐	☐	☐	☐

Empathy (Einfühlungsvermögen)

Jedem Gast wird individuelle Aufmerksamkeit gewidmet.	☐	☐	☐	☐	☐	☐	☐
Die Servicezeiten werden allen Gästen gerecht.	☐	☐	☐	☐	☐	☐	☐
Die Mitarbeiter widmen sich persönlich den Gästen.	☐	☐	☐	☐	☐	☐	☐
Die Gästeinteressen stehen im Mittelpunkt.	☐	☐	☐	☐	☐	☐	☐
Die Gäste fühlen sich in ihrem individuellen Servicebedürfnis vom Personal verstanden.	☐	☐	☐	☐	☐	☐	☐

Responsiveness (Entgegenkommen)

Gästen wird mitgeteilt, wann genau der Service erfolgt.	☐	☐	☐	☐	☐	☐	☐
Gäste werden prompt bedient.	☐	☐	☐	☐	☐	☐	☐
Die Mitarbeiter sind stets bereit, Gästen zu helfen.	☐	☐	☐	☐	☐	☐	☐
Das Personal ist nie zu beschäftigt, um auf Kundenwünsche einzugehen.	☐	☐	☐	☐	☐	☐	☐

Obwohl der ServQual/RATER-Ansatz zu den meistzitierten und in der Praxis meistbenutzten Verfahren zur Messung der Dienstleistungsqualität zählt, ist die dahinterstehende Methodik nicht unumstritten: Die nachträgliche Erfassung von Erwartungen führt zu einer Anspruchsinflation der Befragten, das heißt, die Ansprüche an die Leistung werden tendenziell zu hoch angesetzt.

Vergleich wird mit einbezogen

Aufgrund der Kritik am zufriedenheitsorientierten ServQual-Modell wurde 1992 von Cronin und Taylor der ServPerf-Ansatz entwickelt. Der einstellungsorientierte ServPerf-Ansatz geht davon aus, dass Probanden, die die Dienstleistungsqualität eines Anbieters bewerten, automatisch einen Vergleich zwischen wahrgenommener und erwarteter Servicequalität vornehmen. Die separate Erhebung von Kunden-/Gästeerwartungen wird aufgrund dieser Überlegungen als überflüssig erachtet, es wird nur noch die wahrgenommene Performance (daher auch der Name) ermittelt. Daher wird allein auf der Basis der Wahrnehmungskomponente von ServQual eine Qualitätsmessung vorgenommen. Eine Summierung der einzelnen Bewertungen der nun nur noch 22 Fragen gibt dabei Aufschluss über das Qualitätsniveau. Der Ansatz wird von den Autoren als eindimensional betrachtet, die fünf ServQual-Dimensionen werden also nicht vorausgesetzt.

Aufgabe

ServQual und ServPerf kommen im Gastgewerbe im Rahmen von Gästebefragungen vielfach zum Einsatz. Setzen Sie selbst eines der Verfahren ein, um die Bewertung Ihrer Servicequalität aus Gästesicht in den fünf Dimensionen zu ermitteln!

4.2.5 Beschwerdemanagement

70 Prozent der unzufriedenen Gäste wechseln kommentarlos den Anbieter

Untersuchungen gehen davon aus, dass sich nur rund 15 Prozent der unzufriedenen Gäste aktiv beschweren, rund 70 Prozent wechseln kommentarlos den Anbieter und weitere 15 Prozent bleiben trotz Unzufriedenheit dem Anbieter treu. Hinzu kommt, dass sich Dienstleistungskunden generell seltener beschweren als Käufer von Sachgütern, da sie an der Leistungserstellung beteiligt sind und so eher das Gefühl haben, eine Mitschuld an Mängeln und auftretenden Problemen zu haben. Zudem wird die Inanspruchnahme von Serviceleistungen von vielen Kunden mit einem höheren Risiko als der Sachgüterkauf verbunden, da Dienstleistungen einen hohen immateriellen und individuellen Anteil haben, der vor der Inanspruchnahme nicht überprüft werden kann.

Ihr Erfolgspotenzial

Aus diesen Gründen sind Beschwerden für Gastronomen und Hoteliers ein regelrechter Glücksfall, denn anders als bei den restlichen 85 Prozent der unzufriedenen Gäste besteht hier nicht nur die Chance, den Grund der Unzufriedenheit zu erfahren, sondern auch darauf reagieren zu können und das Problem umgehend oder zumindest doch für die Zukunft abstellen zu können.

Fragen Sie nach, was nicht passt!

Wichtigste Aufgabe des Beschwerdemanagements ist daher die **Beschwerdestimulierung** (Nein, ich bin nicht verrückt geworden ...). Ziel ist es, durch die Schaffung eines Anreizsystems (z.B. ein Gewinnspiel oder eine kleine Aufwandsentschädigung in Form eines Gutscheins) möglichst viele Gäste zur Abgabe einer Beschwerde zu bewegen. Dazu können auch kostenlose Beschwerdehotlines, anonyme Beschwerdeboxen oder auch ein Formular auf der Website zählen, die die Abgabe vereinfachen und die Hemmschwelle senken. Zeigen Sie sich offen für die Kritik Ihrer Gäste!

Mitarbeitern Kompetenzen zur Beschwerderegulierung geben

Die eigentliche **Beschwerdeannahme** sollte einfühlsam und verständnisvoll sein, muss aber trotzdem daran interessiert sein, den Sachverhalt möglichst umfänglich aufzunehmen, um ihn später analysieren zu können. Bei der Beschwerdeannahme ist zudem darauf zu achten, dass die entsprechende Stelle möglichst mit Kompetenzen ausgestattet wird, sofortige Abhilfe in die Wege zu leiten oder dem betroffenen Gast eine Kompensation anzubieten. Wünschenswert ist es zudem, wenn die annehmende Person zum zentralen Kontakt für den Gast in dieser Angelegenheit wird – sie sollte daher auch die gesamte interne Kommunikation in dieser Angelegenheit übernehmen.

Den Schaden bewerten

Auf die Beschwerdeannahme muss (möglichst unmittelbar, zumindest aber sehr zeitnah) die eigentliche **Beschwerdebearbeitung** erfolgen. In ihrem Rahmen erfolgt die offizielle Reaktion sowie die eventuelle Wiedergutmachung, aber auch die Bewertung des tatsächlich entstandenen Schadens. Bei der Bewertung kann nach materiellen und emotionalen Schäden differenziert werden – Fälle mit sehr geringem materiellen wie emotionalen Schaden werden intern, nicht aber gegenüber dem Kunden, als Lappalie verbucht. Liegen materielle Schäden vor, kann Kulanz gewährt werden und eine finanzielle Entschädigung erwogen werden. Liegt ein größerer emotionaler Schaden vor, z.B. bei Kränkungen und erheblichen Enttäuschungen, so bietet es sich an, diese über eine persönliche Geste wettzumachen, die dem Gast eine besondere Vergünstigung und Vorzugsbehandlung gewährt. Bei echten Katastrophen, die zu einer sowohl materiell wie emotional erheblichen Beeinträchtigung geführt haben, sollten sowohl Kulanz als auch persönliche Geste zum Zuge kommen.

Generell gilt, dass alle Beschwerden umgehend bearbeitet werden müssen. Das gilt auch für solche, die aus Sicht des Anbieters ungerechtfertigt sind. Bei berechtigten Beschwerden muss das Ziel zudem sein, aus einem negativen ein besonders positives Erlebnis zu machen. Gelingt dies, so kann der ehemals enttäuschte Gast im Nachhinein noch zum besten Fürsprecher des Unternehmens werden, weil er gesehen hat, dass seinen Belangen Aufmerksamkeit geschenkt wurde.

Analyse und Überprüfung der Abläufe

Wichtig im Rahmen der Qualitätssicherung und des Qualitätsmanagements ist es zudem, dass eine **Beschwerdeanalyse** erfolgt, bei der die internen Abläufe daraufhin überprüft werden, wo der Fehler aufgetreten ist und warum er auftreten konnte. Hier sind Rückkopplungen unter anderem zum Service-Blueprinting möglich, indem überprüft wird, ob im Blueprint die Fehlerquelle bereits verzeichnet und im Prozessablauf adressiert wurde. In diesem Fall ist zu überprüfen, warum es trotzdem zu dem Fehler kam.

Ist das nicht der Fall, der Fehlerfall also nicht im Prozessdesign berücksichtigt, müssen neue Lösungsansätze entwickelt und implementiert werden.

Aufgabe

Richtiges Beschwerdemanagement ist entscheidend für Ihren langfristigen Erfolg und die Weiterempfehlungsquote. Überprüfen Sie Ihr Beschwerdemanagement auf Effizienz und Leistungsfähigkeit nicht nur theoretisch, sondern stellen Sie es auch durch von Mystery Guests gezielt eingebrachte Beschwerden im direkten Gespräch, per Telefon und Web auf den Test: Erfolgen die Reaktionen zeitnah und im Sinne des Gastes? Werden alle Reklamationen freundlich und aufmerksam entgegengenommen? Sind die Ansprechpartner, Kommunikations- und Entscheidungswege klar definiert?

4.2.6 Frequenz-Relevanz-Analyse für Probleme (FRAP)

Viele der zuvor beschriebenen Qualitätstechniken für den Dienstleistungsbereich liefern Hinweise auf mögliche Problembereiche. Was jedoch fehlt, ist eine Analyse der auftretenden Häufigkeit eines Problems sowie der Relevanz der Lösungsfindung für die Unternehmung. Die FRAP-Methode hat zum Ziel, Hinweise auf die

Prioritäten zu liefern, mit denen einzelne Problemfelder bearbeitet werden müssen.

Die Frequenz-Relevanz-Analyse für Probleme (FRAP) dient zur Sortierung von auftretenden Problemklassen nach ihrer Häufigkeit und Wichtigkeit. In der Praxis bedient sich FRAP einer Aufstellung einer Liste möglicher Probleme (wie sie aus den zuvor beschriebenen Qualitätstechniken bereits vorliegen). Diese Probleme werden in Gruppen (Problemklassen) sortiert, wobei ähnliche Probleme zusammengefasst werden. Durch die Befragung von Gästen und Mitarbeitern (»Wie häufig tritt das Problem auf und wie groß ist die Verärgerung darüber?«) sowie die Auswertungen des Beschwerdemanagements werden die einzelnen Problemklassen gewichtet.

Die Ergebnisse werden in ein Diagramm eingetragen. Dabei dienen die Problemrelevanz (gering bis hoch) und die Problemfrequenz (selten bis häufig) als Achsen des Koordinatensystems.

Welche Probleme zuerst beheben?

Aus dieser Portfolio-Darstellung lässt sich rasch ermitteln, welche Probleme zuerst angegangen werden müssen. Generell sind Probleme, die sich im oberen rechten Bereich des Diagramms befinden, mit besonderer Dringlichkeit zu behandeln, da sie nicht nur besonders häufig auftreten, sondern auch eine hohe Problemrelevanz für den Gast haben. Danach können die Problemklassen am rechten und oberen Rand adressiert werden, Problemklassen, die sich links unten befinden, haben die geringste Priorität.

Aufgabe

Erstellen Sie ein FRAP-Diagramm für die von Ihnen identifizierten bzw. von Gästen und Mitarbeitern bemängelten Problembereiche! Aktualisieren Sie die Darstellung regelmäßig, um laufend einen Überblick über die Problemklassen mit der höchsten Priorität zu haben.

4.2.7 Service-FMEA

Potenzielle Schwachstellen finden

Die FMEA (Failure Mode and Effects Analysis, zu deutsch: Fehlermöglichkeits- und Einflussanalyse) ist eine analytische Methode, um potenzielle Schwachstellen zu finden. Im Rahmen des Qualitätsmanagements wird die FMEA zur Fehlervermeidung vorbeugend eingesetzt. Sie folgt dem Grundgedanken einer vorsorgenden Fehlerverhütung anstelle einer nachsorgenden Fehlererkennung und Fehlerkorrektur (Fehlerbewältigung) durch frühzeitige Identifikation potenzieller Fehlerursachen. Damit werden ansonsten anfallende Kontroll- und Fehlerfolgekosten vermieden und die Kosten insgesamt gesenkt.

Durch eine systematische Vorgehensweise und die dabei gewonnenen Erkenntnisse wird zudem die Wiederholung von Designmängeln bei neuen Angeboten und Prozessen vermieden. Damit hat die Methode direkten Einfluss auf die Vignetten-Technik und schließt quasi den Qualitätsregelkreis.

Prävention und Optimierung

Die Service-FMEA ist eine spezielle Form der allgemeinen, für Produktionsprozesse gebräuchlichen FMEA, die für den Dienstleistungssektor adaptiert wurde. Sie dient im Qualitätsmanagement der Prävention und Optimierung. Ziel ist es,

- Fehler und Qualitätsmängel frühzeitig zu erkennen,
- die Fehlerursachen zu klären,
- die Auswirkungen der möglichen Fehler einzuschätzen und zu beurteilen und
- Maßnahmen zur Vermeidung oder zur Reduzierung der Folgen festzulegen.

Die Service-FMEA ist das komplexeste der D7-Instrumente. Bei der Anwendung wird zunächst ein Team aus Mitarbeitern verschiedener Unternehmensfunktionen sowie Kunden/Gästen gebildet. Das interdisziplinäre Team wird im Analyseprozess durch Formblätter (QS-9000) oder entsprechende Software unterstützt, die eine formalisierte Analyse des Prozesses ermöglichen.

Die FMEA beinhaltet

- eine Eingrenzung des betrachteten Systems,
- eine Strukturierung des betrachteten Systems,
- Definitionen von Funktionen der Strukturelemente,
- eine Analyse auf potenzielle Fehlerursachen, Fehlerarten und Fehlerfolgen, die sich direkt aus den Funktionen der Strukturelemente ableiten,
- eine Risikobeurteilung,
- Maßnahmen- bzw. Lösungsvorschläge zu priorisierten Risiken,
- eine Verfolgung vereinbarter Vermeidungs- und Entdeckungsmaßnahmen und
- eine Restrisikobeurteilung bzw. -bewertung.

Potenzielle Fehler und Mängel werden **analysiert**, indem der Fehlerort **lokalisiert**, die Fehlerart **bestimmt**, die Fehlerfolge **beschrieben** und anschließend die Fehlerursache **ermittelt** wird.

Zur Ermittlung denkbarer Fehlerursachen wird häufig ein sogenanntes Ursache-Wirkungs-Diagramm erstellt. Es ist möglich, dass schon aufgrund einer erkannten Fehlerursache unmittelbar Hinweise auf mögliche Maßnahmen zur Fehlervermeidung abgeleitet werden können.

Kennzahlen zur Risikobewertung

Kennzahlen zur Bedeutung der Fehlerfolge, zur Auftretenswahrscheinlichkeit der Fehlerursache und zur Entdeckungswahrscheinlichkeit des Fehlers oder seiner Ursache bilden die Grundlage für eine Risikobewertung. Auf ihrer Basis wird versucht, eine Rangfolge der Risiken zu erstellen.

Je nach verwendeter Systematik können die Bedeutung und der Rang eines Fehlers auch zur Gänze als Ergebnis einer Teamdiskussion festgelegt werden.

Maßnahmen sind darauf gerichtet,

- die Auftretenswahrscheinlichkeit einer Fehlerursache zu reduzieren (z.B. durch verbesserte Prozesse) und
- die Entdeckenswahrscheinlichkeit für eine potenzielle Fehlerursache zu erhöhen, indem beispielsweise zusätzlich Prüfungen vorgesehen werden.

Die Bewertung erfolgt durch das interdisziplinäre Team, dessen Mitglieder jeweils Punkte vergeben für:

- die Auftretenswahrscheinlichkeit (gering = »1« bis hoch = »10«)
- die Entdeckenswahrscheinlichkeit (hoch = »1« bis gering = »10«)
- die Bedeutung der Fehlerfolge aus der Sicht des Kunden (gering = »1« bis hoch = »10«)

Nach der Erstbewertung und abgearbeiteten Maßnahmen erfolgt eine erneute Risikobewertung: Es wird durch nochmalige Ermittlung geprüft, ob die geplanten Maßnahmen ein befriedigendes Ergebnis versprechen. Entspricht das Ergebnis noch nicht den geforderten Qualitätsansprüchen des Kunden, so müssen weitere Vermeidungs- oder Entdeckungsmaßnahmen ergriffen und/oder Lösungsansätze entwickelt werden.

In der Praxis bedeutet dies, dass die Service-FMEA zunächst mögliche Fehler, dann mögliche Fehlerfolgen und mögliche Fehlerursachen untersucht, um deren Auftretenswahrscheinlichkeit (A) und Bedeutung für den Kunden (B) auf einer Skala von 1 bis 10 zu ermitteln. Hieraus wird eine Risikozahl ermittelt, im einfachsten Fall als Produkt der beiden Kennzahlen A×B. Anschließend werden empfohlene Gegenmaßnahmen entwickelt, wobei die Risikozahl die Prioritäten der Bearbeitung angibt. Abschließend erfolgt eine erneute Bewertung nach Implementierung der Gegenmaßnahmen, um die Effektivität derselben zu überprüfen.

Die Service-FMEA sollte nur unter Anleitung eines Experten eingesetzt werden, der mit ihr vertraut ist.

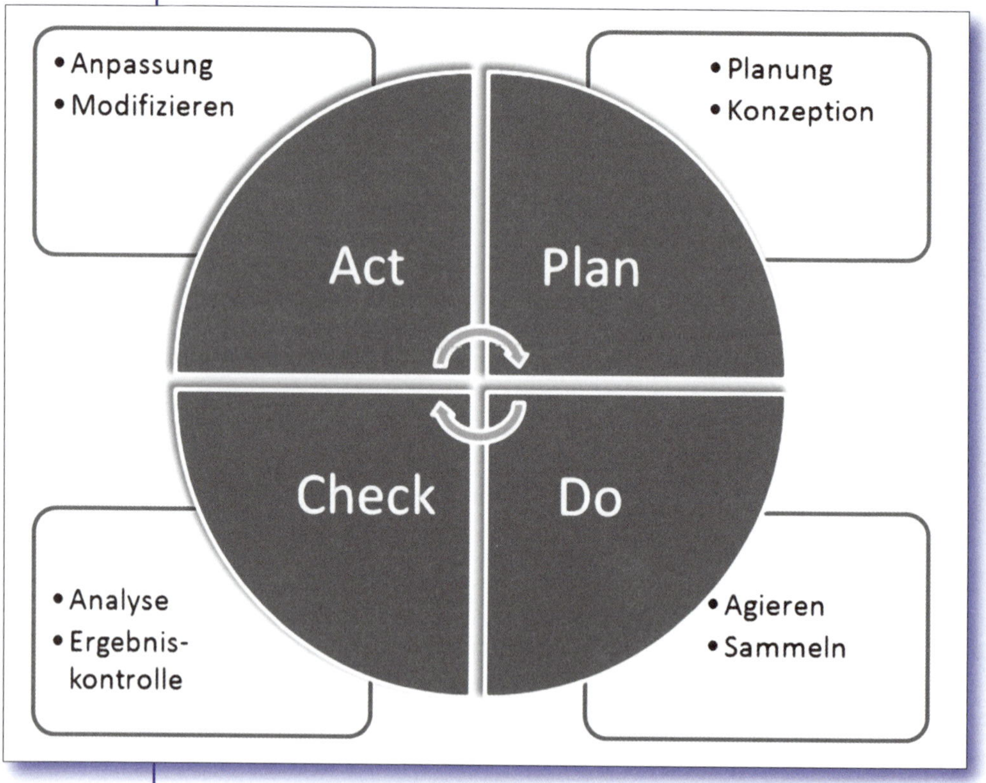

Abb.: Der Qualitätsregelkreis (auch Deming-Kreis genannt) deckt alle Schritte des Qualitätsmanagements ab und führt automatisch zu einem kontinuierlichen Verbesserungsprozess (KVP).

Damit decken die D7 den gesamten Regelkreis des Qualitätsmanagements ab. Dieser Regelkreis (auch Deming-Kreis genannt) veranschaulicht die kontinuierliche Verbesserung der Prozesse im Rahmen des Qualitätsmanagements. Erfahrungen aus der Analyse (Ist-Zustand) fließen wieder zurück in die Planung (Soll-Zustand), so dass ein Regelkreis entsteht:

- **Phase 1: Qualitätsplanung**: Es wird ein Ist-Zustand ermittelt und die Rahmenbedingungen für das Qualitätsmanagement werden festgelegt. Danach werden Konzepte und Abläufe erarbeitet. Abgedeckt durch: Vignetten-Technik, Service-Blueprinting
- **Phase 2: Qualitätslenkung**: Die in der Planphase gewonnenen Ergebnisse werden umgesetzt. Abgedeckt durch: SEM
- **Phase 3: Qualitätssicherung**: Auswerten qualitativer und quantitativer Qualitätsinformationen (Kosten-Nutzen-Betrachtungen, Überprüfen von gemachten Annahmen). Abgedeckt durch: ServQual, Beschwerdemanagement
- **Phase 4: Qualitätsverbesserung**: Aus vorheriger Phase gewonnene Informationen werden für Strukturverbesserungsmaßnahmen und Prozessoptimierung eingesetzt. Erfolge und Ergebnisse werden kommuniziert. Abgedeckt durch: FRAP, Service-FMEA

Bei den bislang vorgestellten Qualitätswerkzeugen handelt es sich um Instrumente, mit denen branchenübergreifend gute Erfahrungen gesammelt worden sind. Manche der Maßnahmen mögen Ihnen für Ihr Haus übertrieben erscheinen oder lassen sich nicht ohne Vorbereitung umsetzen. Auf den folgenden Seiten stelle ich Ihnen Instrumente vor, die zum Teil weniger auf einer wissenschaftlichen Grundlage beruhen, dafür aber sehr praxisbezogen sind.

4.3 Targets, Rückstellmuster

Targets und Rückstellmuster sind ein wichtiges Hilfsmittel, wenn es darum geht, konkrete Anforderungen an das Ergebnis der Dienstleistung zu dokumentieren und nachhaltig, z.B. für Vergleichszwecke, zu sichern.

Warenprobe

Solche Targets sind zum Beispiel in der Lebensmittelindustrie üblich, um beispielsweise die Zusammenarbeit mit Lieferanten und die geforderten Eigenschaften der zugelieferten Produkte zu definieren. Dabei wird eine Warenprobe, die der Zielvorgabe entspricht, versiegelt und in einer Form aufbewahrt, die Veränderungen an der Probe weitgehend ausschließt (z.B. Einfrieren von Lebensmitteln, Einschweißen unter Schutzgas bei anderen Produkten). Eingehende Warenlieferungen werden dann mit dem Target verglichen, um über optische und gegebenenfalls sensorische Prüfungen Abweichungen feststellen und ggf. monieren zu können.

Das Verfahren kommt auch bei der Produktion von Fertiggerichten, Gemüsemischungen und vielem mehr zum Einsatz. Hier wird nicht das Ausgangsprodukt, sondern das Zielprodukt aufbewahrt. Rückstellmuster werden zudem von jeder Produktionscharge aufbewahrt und gegebenenfalls im Labor untersucht, um beispielsweise Mängel ausschließen und die produzierte Qualität nachträglich dokumentieren zu können, sollte es zu Problemen kommen.

Targets und Fotos

Doch wie kann das Gastgewerbe von diesen Qualitätssicherungsinstrumenten profitieren, obwohl hier keine Massenproduktion erfolgt? Ganz einfach: Sie können das Verfahren adaptieren, indem Sie für Ihre Mitarbeiter Targets bereithalten oder – vielfach noch einfacher – Fotos mit der Digitalkamera aufnehmen, die den Sollzustand wiedergeben.

4.3.1 Fotos

In diesem Fall ist die Digitalkamera Ihr bester Freund. Achten Sie darauf, eine Kamera zu nutzen, die gute Innenraum- und Detailaufnahmen macht.

Im Restaurant kann die Kamera genutzt werden, um Fotos von Speisen und Getränken anzufertigen, die dem Personal zeigen, wie das Endprodukt aussehen soll. So kann beispielsweise die Anordnung der Elemente auf dem Teller ebenso dokumentiert werden wie der Serviervorschlag gegenüber dem Gast.

Tipp

Fastfood-Ketten arbeiten mit bebilderten Schritt-für-Schritt-Anleitungen, die genau vorgeben, wie der Burger zubereitet wird und welche Zutaten in welcher Menge wann, wie und wo verwendet werden müssen. Für die Zulieferer existieren Rückstellmuster und Targets, anhand deren alle Lieferungen geprüft werden. Für die Mitarbeiter in den Filialen beziehungsweise Franchise-Unternehmen werden spezielle Werkzeuge entwickelt, die zum Beispiel die genaue Menge an Ketchup oder Salat automatisch vorgeben. Für die Zubereitung existieren minutiöse Vorgaben, die in Testküchen speziell entwickelt werden. Selbst für die Kommunikation mit dem Gast existieren Gesprächsleitfäden. Ziel ist es, jederzeit und überall die gleiche Produkt- und Servicequalität zu gewährleisten.

Im Hotel können Fotos belegen, wie die Zimmer auszusehen haben – inklusive der Details. Diese Fotos machen es leichter, den Mitarbeitern vor Augen zu führen, wenn die Arbeiten nicht optimal ausgeführt wurden. Sie helfen aber auch zu erkennen, wenn Abnutzungsspuren auftreten. Daher sollten regelmäßig von allen Details (Türstock, Bett, Steckdosen, Möbel, Bilder, Bad, Armaturen ...) in allen Zimmern Aufnahmen gemacht werden. Dieser Prozess sollte mindestens jedes Quartal wiederholt werden – der Vergleich der Fotos deckt schleichende Probleme auf, bevor der Gast sie bemerkt.

Mit ein wenig Phantasie werden Sie zahlreiche Motive finden, die sich zur Dokumentation als Target oder Zielvorgabe für die Qualitätssicherung eignen. Fotos sagen mehr als tausend Worte einer detaillierten Beschreibung des Housekeepings und sind einprägsamer.

Hinzu kommt, dass Digitalfotos in gleicher Qualität beliebig reproduziert und auch digital aufbereitet und beispielsweise mit Hinweisen versehen werden können. Der Aufwand lohnt sich!

Dokumentieren Sie die Abläufe

Es bietet sich sogar an, mit der Digitalkamera einmal den gesamten Serviceablauf aus Sicht des Gastes zu dokumentieren – von der Anreise bis zur Verabschiedung. So lassen sich unter Umständen Problembereiche identifizieren, denen ansonsten keine Beachtung geschenkt wird.

Es kann sich zudem lohnen, mal bei der Konkurrenz vorbeizuschauen und die Digitalkamera mitzunehmen. Der Vergleich der Details liefert eventuell neue Anregungen für Verbesserungen und Innovationen.

Aufgabe

Gehen Sie auf Fotosafari: Fotografieren Sie alle relevanten Bereiche Ihres Unternehmens sowohl als Übersichtsfotos, zudem einzelne Arrangements als Detailfotos. Die Fotos sollen jeweils den Soll-Zustand zeigen! Digitalfotos haben den Vorteil, leicht nachbearbeitet und über Drucker einfach vervielfältigt werden zu können. Erstellen Sie aus den (gegebenenfalls mit Anmerkungen und Hervorhebungen versehenen) Fotos eine »Qualitätsmappe«, die nicht nur für die Einarbeitung neuer Mitarbeiter, sondern auch als Referenz für die Qualitätssicherung und als Nachschlagewerk dient.

Exkurs: Wunsch und Wirklichkeit

Marketingfotos und Realität

Interessanterweise werben zwar viele Unternehmen – vor allem auch Hotels und Restaurants – für ihre Angebote mit Fotos. Diese haben aber oft nur wenig mit der Realität zu tun.

Wer gerne mal eine Eisdiele besucht, kennt das Phänomen: Auf der Karte sind wundervoll dekorierte, speziell in Szene gesetzte Eisbecher in ebenso aufwändigen Schalen abgebildet. Frisches Obst und knackige Minzblätter runden das Bild ab. Doch was dann an den Tisch kommt, hat bei manchen Eisdielen nichts mit dem Foto zu tun. Da stellt sich dann für den Gast die Frage, ob das, was da vor ihm steht, überhaupt das ist, was er bestellt hat. Und falls ja: ob das Personal, das die Eisbecher zubereitet, überhaupt jemals einen Blick in die Eiskarte geworfen hat. Eine gewisse Enttäuschung ist so auf alle Fälle programmiert.

Und natürlich beschränkt sich dieses Phänomen nicht nur auf Eisdielen. Ob chinesisches Restaurant, Fastfood-Imbiss oder Hotel-Website: Geworben wird gerne mit eindrucksvollen Bildern. Bei einem Heimservice habe ich neulich gar den Versuch unternommen, die abgebildeten Speisen im Angebot wiederzufinden. Fehlanzeige: Es handelt sich um eine Fotosammlung, die Abbildungen haben mit dem tatsächlichen Angebot nichts zu tun. Dass in solchen Fällen der Enttäuschung Tür und Tor geöffnet wird, hat sich offenbar noch nicht herumgesprochen. Vielleicht ist man aber ja auch nicht auf zufriedene Kunden angewiesen?

Für einige bekannte Fastfood-Ketten vergleicht ein Online-Angebot sogar Werbung und Realität. Mit wahrlich ernüchternden Resultaten. Und auch viele Mittelklasse-Hotels sind nicht besser und bildehrlicher als McDonald's und Co.

Keine Frage: Bei solchen Fotos handelt es sich um Werbung – und da ist man bemüht, sich im besten Licht zu präsentieren. Sie sollen auch zukünftig nicht auf solche Fotos verzichten oder sich bemühen, die triste, traurige Realität abzubilden. Vielmehr geht es darum, zu verstehen, dass diese Bilder eine Erwartungshaltung auf Seiten der Gäste hervorrufen. Und wenn schon mit solchen Abbildungen geworben wird, dann sollte das Personal sie wenigstens kennen und sich zumindest bemühen, dem Anspruch gerecht zu werden.

4.3.2 Rückstellmuster

Manchmal hilft die Kamera nicht weiter. Dann nämlich, wenn es darauf ankommt, mehr als die Optik zu bewerten. So ist die Haptik der Serviette oder die »Weißheit« der Tischdecke nur schwer mittels Fotos zu vermitteln.

Muster für künftige Vergleiche

In diesen Fällen bietet es sich an, ein Muster zu Vergleichszwecken aufzubewahren. Dies muss in einer Form geschehen, die Veränderungen am Produkt durch die Lagerung weitgehend ausschließt. Völlig können solche Veränderungen allerdings nicht verhindert werden, weshalb die Rückstellmuster in regelmäßigen Abständen gegen neue ausgetauscht werden sollten.

4.4 Eingangskontrollen

Für bestimmte Prozesse ist es wichtig, sich an übliche Verfahren aus der Industrie anzulehnen. Gerade bei der Zusammenarbeit mit Zulieferern sind daher neben Zielvereinbarungen, Bemusterung und Lieferantenbewertung Wareneingangskontrollen notwendig.

Verantwortung nicht auf Lieferanten abschieben

Bei der Zusammenarbeit mit Lieferanten ist wichtig, sich vor Augen zu führen, dass den Gast nicht interessiert, wen die Schuld trifft. Natürlich kann das Handtuch Flecken haben oder der Bademantel zerrissen sein, weil die Wäscherei schlampig gearbeitet hat: Für den Gast würde der Hinweis darauf aber als Abschieben von Verantwortung wirken. Und auch wenn das Steak zäh, die Avocado bitter oder die Forelle blau winzig ist, hilft es nicht weiter, das mit Mängeln der eingesetzten Waren zu erklären.

Tipp

Eingangskontrollen können Sie durch ein wenig Mithilfe Ihres Lieferanten leicht testen: Ändern Sie die Lieferung in Menge und/oder Zusammenstellung leicht ab und prüfen Sie, ob die Abweichung in Ihrem Haus entdeckt wird!

4.5 Ausgangskontrollen: Vier-Augen-Prinzip

Bei höherwertigen Produkten, die für den Gast bestimmt sind (Speisen ...), ist es sinnvoll, das Vier-Augen-Prinzip zu etablieren: Sie verlassen den Verantwortungsbereich (zum Beispiel die Küche) erst, wenn neben dem Zubereiter ein Supervisor (beziehungsweise Kollege) einen prüfenden Blick darauf geworfen hat. Abbildungen von Mustertellern können helfen, Probleme bei der Zubereitung und beim Anrichten rasch zu erkennen.

Für das Glas Wasser oder den Espresso ist solch ein Vorgehen natürlich ein Overkill, den die Gäste auch nicht bezahlen würden. Schließlich kosten solche Qualitätskontrollen Zeit und damit auch Geld.

Ihr Erfolgspotenzial

Identifizieren Sie höherwertige Angebote, bei denen sich ein Vier-Augen-Prinzip lohnen kann. Die Mängellisten und daraus abgeleitete Diagramme und Aufstellungen zu Fehlerhäufigkeiten und Kosten für die Fehlerbehebung liefern Ihnen wertvolle Hinweise darauf, in welchen Bereichen das Vier-Augen-Prinzip zum Einsatz kommen sollte.

4.6 Spezielle Prüf- und Produktionshilfsmittel

Von Franchising-Systemen können Sie die Bedeutung von optimal auf die entsprechenden Prozesse zugeschnittenen Prüf- und Produktionshilfsmitteln aufgreifen. Die großen Burgerbrater beschäftigen umfangreiche Abteilungen, die sich allein damit auseinandersetzen, dass

- die Produktionsprozesse einfach sind,
- Hilfsmittel zur Verfügung gestellt werden, die eine Standardisierung der Produktion hinsichtlich der Qualität ermöglichen,
- Prüfmittel bereitgestellt werden, die helfen, Fehlerursachen aufzudecken und auszuschließen.

So gibt es für die Zubereitung der standardisierten Burger spezielle Messbecher und Messapparaturen, die genau die definierte Menge Salat aufnehmen, die korrekte Menge Senf oder Ketchup abgeben und so weiter.

Ebenso stehen Hilfsmittel zur Verfügung, mit denen beispielsweise unkompliziert die Temperatur des Fleischpatties oder die korrekte Toastung des Sesambrötchens überprüft werden können.

Querdenken und eigene Prüfsysteme entwickeln

Nun werden Sie zweifellos keine ganze Ingenieursabteilung beschäftigen wollen, um ähnliche Hilfsmittel zu entwickeln, die eine standardisierte Produktqualität gewährleisten. Aber oft reicht ein wenig Kreativität und ein wenig »um die Ecke« denken: Um dafür zu sorgen, dass alle Gäste einen gleich großen Vorspeisensalat bekommen, können die Zutaten in einem geeigneten Gefäß abgemessen werden. In einem mir bekannten Hotel sind Schablonen im Einsatz, um die Qualität der Kopfkissen zu bewerten: Solange das aufgeschüttelte Kissen nicht durch die Schablone passt, ist alles in Ordnung. Passt es hingegen hindurch, so ist es durchgelegen und muss ausgewechselt werden.

4.7 Vorschlagswesen

Bereits erwähnt wurde, dass die Mitarbeiter den direkten Kontakt zum Gast haben und daher in vielen Fällen gezielt Verbesserungsvorschläge unterbreiten können. Das werden sie aber nur dann tun, wenn sie dazu aufgefordert werden und einen Vorteil dadurch haben.

Daher ist der Aufbau eines leistungsfähigen Vorschlagswesens mit einem Anreizsystem zur Teilnahme (Incentives) ein wichtiges Instrument im Rahmen der Implementierung eines Qualitätssicherungs- und Qualitätsmanagement-Systems.

Wird eine Kultur der kontinuierlichen Verbesserung im Unternehmen gepflegt, so steigert dies nicht nur die Qualität der erbrachten Leistungen, sondern auch die Motivation der Mitarbeiter. Ideen für die Verbesserung des Services und die Optimierung der Prozesse ergeben sich dann fast von selbst.

Auch Gäste können etwas beitragen

Aber nicht nur Mitarbeiter können nützliche Ideen einbringen, die zu einer Qualitätsverbesserung beitragen: Ihre kritischsten und zugleich aufmerksamsten Detektive in diesem Bereich sind Ihre Gäste! Zapfen Sie daher gezielt auch deren Ideenpool an und bitten Sie sie aktiv um Verbesserungsvorschläge. Selbst wenn sich 99,9 Prozent der eingebrachten Ideen als nicht wirtschaftlich umsetzbar oder irrelevant erweisen, kann sich unter tausend Ideen genau die eine befinden, die Ihnen einen echten Wettbewerbsvorteil verschafft.

Ihr Erfolgspotenzial

Implementieren Sie ein Vorschlagswesen für Mitarbeiter, aber auch Ihre Gäste. Lesen Sie zudem bewusst die Wirtschaftspresse mit dem Ziel, neue Ideen zu finden, die Sie zur Qualitätsverbesserung in Ihrem Hause einsetzen und adaptieren können.

4.8 Controlling mittels Inventarlisten

Auch Inventarlisten können, richtig genutzt, zu einem hilfreichen Qualitätsmanagement-Hilfsmittel werden. Dazu reicht es allerdings nicht aus, nur Listen zu führen (und regelmäßig zu kontrollieren). Die Inventarlisten sollten dazu Hinweise auf das Anschaffungsdatum beinhalten. Werden sie computergestützt verwaltet, so ist in der Folge sehr leicht zu ermitteln:

- was wann angeschafft wurde,
- wie alt es ist und
- wann es ausgetauscht werden sollte.

Die regelmäßige Überprüfung der Inventarlisten liefert dann wertvolle Hinweise darauf, wo sich mittlerweile alterungsbedingte Abnutzungserscheinungen zeigen können. Mit ein wenig Erfahrung ist es zudem möglich, sinnvolle Prüfintervalle für Objekte festzulegen, die an der Altersgrenze sind.

Dabei gilt es, auch praktisch zu denken: Werden die Matratzen im Hotel mit dem Beschaffungsdatum versehen, kann bei ersten Verschleißerscheinungen sofort das Alter überprüft werden und Objekte aus der gleichen Charge können überprüft/ersetzt beziehungsweise auf die Watchlist gesetzt werden.

Aufgabe

Irgendwo gibt es auch in Ihrem Haus umfangreiche Inventarlisten, die zumeist vor sich hin stauben oder in irgendeinem EDV-System schlummern. Finden und aktivieren Sie diese! Nehmen Sie die Listen als eine Datenbasis für ein Wiedervorlagesystem, mit dem Sie automatisch daran erinnert werden, den Zustand verschiedener Gegenstände regelmäßig zu prüfen und einen turnusmäßigen Austausch zu gewährleisten.

4.9 Auditing

»Anhörung«

Audits sind ein übliches Verfahren im Rahmen der ISO-9000-Zertifizierung. Wörtlich übersetzt heißt Auditierung oder Audit »Anhörung«. Ein Auditor hört Führungskräfte und Mitarbeiter eines zu auditierenden Bereichs an und stellt ihnen dabei Fragen, die es ihm ermöglichen, einen bestimmten Sachverhalt festzustellen.

Dieser Sachverhalt bezieht sich bei Qualitätsaudits auf das Qualitätsmanagement-System. Es geht darum, eine umfassende Beurteilung der Wirksamkeit und Dokumentation eines gesamten Qualitätsmanagement-Systems zu erstellen. Das Qualitätsaudit ist eine unabhängige, systematische Untersuchung zweier grundsätzlicher Fragen:

- Ob beziehungsweise inwieweit entsprechen qualitätsbezogene Tätigkeiten und deren Ergebnisse den getroffenen diesbezüglichen Vorgaben und Festlegungen?
- Ob beziehungsweise inwieweit sind diese Vorgaben und Festlegungen geeignet, die angestrebten Qualitätsziele zu erreichen?

Gehört der Auditor der auditierten Organisation selbst an, so spricht man von einem internen Audit beziehungsweise einer internen Auditierung, während ein externes Audit von Auditoren durchgeführt wird, die außerhalb der auditierten Organisation angesiedelt sind. Hierzu zählen beispielsweise Mitarbeiter einer unabhängigen, als Zertifizierungsgesellschaft akkreditierten Institution, deren Aufgabe es ist, das Qualitätsmanagement-System einer Einrichtung oder eines Verbandes daraufhin zu überprüfen, ob es die extern vorgegebenen Normen – zum Beispiel die ISO-Normen – erfüllt oder nicht, und dabei gleichzeitig aufzuzeigen, an welchen Stellen Verbesserungspotenziale vorhanden sind.

Während interne Qualitätsaudits in erster Linie der Absicherung und Verbesserung der Qualitätsfähigkeit einer Einrichtung oder eines Verbandes dienen, streben externe Qualitätsaudits insbesondere deren Nachweis gegenüber Außenstehenden wie Kunden oder Behörden an.

Externe Audits sind in Hotels und Restaurants eher selten und kommen vor allem im Rahmen der ISO-9000/9001-Zertifizierung zum Einsatz. Sie können aber auch im Rahmen der Erteilung anderer Gütesiegel notwendig sein.

Interne Audits können ein nützliches Instrument sein, wenn es darum geht, die Qualitätsbemühungen zu dokumentieren und zu formalisieren. Sie werden häufig im Rahmen eines umfassenden, ganzheitlichen Qualitätsmanagements genutzt.

Teil 5: Umfassendes Qualitätsmanagement

Kontinuität statt Feuerwehraktion

Die Gefahr besteht, dass Qualitätsinitiativen nur temporär zum Einsatz kommen – dann, wenn die Probleme am sichtbarsten sind und sich nicht mehr einfach verbergen lassen. Solche Feuerwehraktionen sind jedoch weder der Bedeutung des Themas Qualität angemessen noch wirklich von Erfolg gekrönt.

Qualitätsmanagement muss daher als kontinuierlicher Verbesserungsprozess (KVP) begriffen werden. Das bedeutet: stetige Verbesserung der Produkt-, Prozess- und Servicequalität in kleinen Schritten (im Gegensatz zu sprunghaften einschneidenden Veränderungen). KVP ist ein Grundprinzip im Qualitätsmanagement und unverzichtbarer Bestandteil der ISO 9001.

Zu einem umfassenden Qualitätsmanagement gehört weiterhin die Berücksichtigung der Interessen verschiedener Interessengruppen. Neben der wichtigen Gruppe der Gäste bzw. Kunden sind

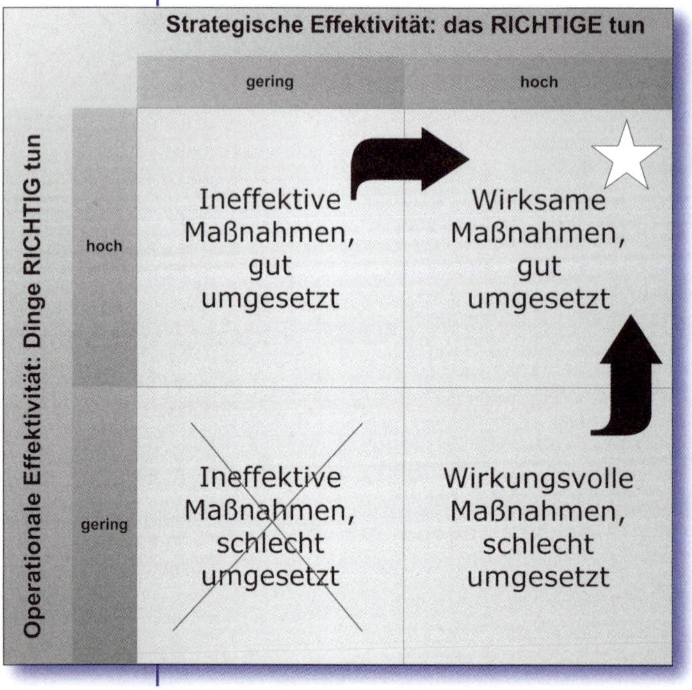

Abb.: Ziel des Qualitätsmanagements ist es, nicht nur das Richtige zu tun, sondern alles auch gleich beim ersten Mal richtig zu tun. Gefordert ist also strategische wie operationale Effektivität.

natürlich die Belange des Managements und der Mitarbeiter zu berücksichtigen. Hinzu kommen Ansprüche von Investoren- und Partnerseite. Diese verschiedenen Aspekte zu berücksichtigen und in ein umfassendes Qualitätskonzept zu überführen, das langfristig und dauerhaft Bestand hat, ist Ziel des TQM-Ansatzes (Total Quality Management).

5.1 Schritt für Schritt zum umfassenden QM-System

Wenn Sie erste Erfahrungen im Rahmen des Qualitätsmanagements und der Qualitätssicherung gesammelt haben, sollten Sie für sich einen Rahmen für die nächsten Schritte für den Aufbau einer Strategie für Ihr Qualitätsmanagement abstecken:

- Was sollen die nächsten Schritte sein?
- Möchten Sie externe Hilfe und Unterstützung in Anspruch nehmen?
- Welchen zeitlichen Rahmen können Sie sich stecken?
- Brauchen Sie weitere Informationen?
- Welche Problembereiche, Hauptziele und Kerninteressen müssen adressiert werden?

Klare Kommunikation ist wichtig

Wichtig ist es, die Grundlagen und die Ziele der QM-Maßnahmen gegenüber Beteiligten und Betroffenen klar zu kommunizieren, damit alle an einem Strang ziehen und die Aktivitäten nicht als Bedrohung empfinden. Dies schützt auch vor übertriebenen Erwartungen sowie Enttäuschungen, wenn es nicht so läuft, wie anfangs euphorisch erwartet.

Nachhaltige Wirkung

Daher ist ein umfassendes Qualitätsmanagement auch aus unternehmerischer Sicht eine gute Strategie, denn: Singuläre Qualitätssicherungsinitiativen werden häufig vor allem mit Blick auf den kurzfristigen Erfolg betrieben, eine nachhaltige Wirkung wird aber kaum erzielt. Zudem werden Einzelmaßnahmen häufig von den direkt betroffenen Mitarbeitern als harsche Kritik an ihrer Arbeit empfunden, während ein dauerhaft mitlaufendes QM-System vor allem die Verpflichtung aller zu hoher Qualität verdeutlicht und nicht Einzelne an den Pranger stellt.

Der folgende Fragenkatalog dient einer ersten Bestandsaufnahme und gibt Aufschluss über die grundlegenden Themen, über die Einigkeit herrschen muss:

- **Was wird getan?** Was sind die Kernaufgaben unserer Einrichtung? Was ist der Auftrag? Welche eigenen Ziele und Wertorientierungen liegen dem zugrunde?
- **Wie wird es getan?** Wie werden die Wünsche und Bedürfnisse der Interessentengruppen im täglichen Arbeitsablauf erfüllt? Wie transparent und effizient sind die Prozesse organisiert? Wie sind die einzelnen Arbeitsbereiche aufeinander abgestimmt? Wie werden die Auflagen und Vorschriften umgesetzt?
- **Wer macht was?** Sind Zuständigkeiten und Befugnisse eindeutig festgelegt? Sind die Arbeitsbereiche der Mitarbeiter sinnvoll beschrieben?
- **Womit wird es getan?** Welche Hilfsmittel sind erforderlich und vorhanden? Gibt es einheitliche Hilfsmittel, Musterformulare, Checklisten etc.?
- **Was wird wie dokumentiert?** Gibt es eine systematische Dokumentation der Kernprozesse und der Ergebnisprüfung?

Bei der Zusammenstellung von QM-Teams kann zwischen zwei grundsätzlichen Organisationsformen unterschieden werden, die beide Vor- und Nachteile haben:

1. Organisationsformen mit einem hauptberuflichen Qualitätsverantwortlichen als **Teamleiter**: Hier besteht der Vorteil darin, dass die Qualitätsverantwortung im täglichen Arbeitspensum nicht in Vergessenheit geraten kann. Nachteilig ist allerdings, dass das Personal leicht die Verantwortung für Qualitätsmängel in den Bereich des QM-Verantwortlichen abschiebt.

2. Organisationsformen, bei denen sich das **QM-Team** aus Mitarbeitern aller Bereiche zusammensetzt und sich selbst organisiert. Dabei kann stärker die Eigenverantwortung jedes Mitarbeiters für die in seinem Bereich geleistete Qualität betont werden, alle Aufgaben werden direkt aus der täglichen Praxis abgeleitet, das System entwickelt sich organisch und wirkt nicht »übergestülpt«. Nachteilig ist allerdings, dass in Phasen hoher Arbeitsbelastung das Qualitätsthema nicht genügend Raum bekommt und kein hauptverantwortlicher Mitarbeiter existiert, der die Einhaltung der Vorgaben konsequent verfolgen kann.

Ihr Erfolgspotenzial

Wichtig bei der Implementierung von QM-Systemen ist grundsätzlich, dass alle Beteiligten verstehen, dass sie der Sicherung aller Arbeitsplätze und zur Steigerung der Wettbewerbsfähigkeit dienen. Zudem muss Einigkeit darüber bestehen, dass es sich nicht um einen Prozess mit einem definierten Ende und einem vorab feststehenden Ergebnis handelt, sondern um eine kontinuierliche Aufgabe, die nur in gemeinschaftlicher Verantwortung und ohne Schuldzuweisungen erfolgreich bearbeitet werden kann.

5.2 Total Quality Management (TQM)

Total Quality Management (TQM) ist eine *Führungsmethode einer Organisation, bei der Qualität in den Mittelpunkt gestellt wird, welche auf der Mitwirkung aller ihrer Mitglieder beruht und welche auf langfristigen Erfolg durch Zufriedenstellung der Abnehmer und durch Nutzen für die Mitglieder der Organisation und für die Gesellschaft zielt*.

TQM = konsequente Anwendung

Anders ausgedrückt: TQM ist kein revolutionäres oder gänzlich neues System, sondern es handelt sich »nur« um die systematische und konsequente Anwendung einiger Methoden, um die Verhaltensweisen innerhalb eines Unternehmens so zu beeinflussen, dass Qualität und Kundenzufriedenheit zentrale Leitgedanken aller Aktivitäten sind.

Total Quality Management umfasst damit zwei große Bereiche:

- **Methoden und Verfahren**, die so gestaltet werden, dass sie das Ziel haben, Fehler und Mängel gar nicht erst entstehen zu lassen
- **Verhaltensweisen und Einstellungen**, die die Verantwortung jedes Einzelnen für die erbrachte Qualität in seinem Bereich betonen

Zum einheitlichen Verständnis kann Total Quality Management wie folgt interpretiert werden:

Total: Das gesamte Unternehmen mit allen Geschäftsbereichen und allen Mitarbeitern muss ohne Ausnahme in die Qualitätsverbesserung einbezogen werden. Dieses gilt ausdrücklich nicht nur für materielle Produkte, sondern auch für Dienstleistungen und Tätigkeiten.

Quality: »Qualität ist die Beschaffenheit einer Einheit bezüglich ihrer Eignung, festgelegte und vorausgesetzte Erfordernisse zu erfüllen.« Für den Gebrauch in der Praxis – besonders in nichttechnischen Bereichen – gilt daher: Gute Qualität ist die Erfüllung von

Anforderungen, über die Erfüllung entscheidet nur der (interne oder externe) Kunde und die Qualitätsanforderungen steigen ständig.

Management: Der aktiv zu betreibende Prozess, durch den alle Führungs-, Planungs-, Steuerungs- und Überwachungstätigkeiten durch die sie ausübenden Personen an der ständigen Qualitätsverbesserung mitwirken.

Der Grundgedanke des TQM lautet daher:

»Qualität beginnt im Kopf.«

Der Name »Total Quality Management« weist darauf hin, dass das ganze System von ihm erfasst wird, es handelt sich somit um einen ganzheitlichen beziehungsweise holistischen Ansatz. Im Gegensatz zur ISO 9001 ist TQM primär eine (betriebswirtschaftliche) Philosophie und erst in zweiter Linie ein System.

Alle ziehen am selben Strang

Im Vordergrund steht die gelenkte Dynamik. Als »Immer-besser-Modell« knüpft TQM am maximalen Gestaltungswillen der Geschäftsleitung ebenso wie am beruflichen Selbstverwirklichungswillen des Mitarbeiters an. Richtig angewandt entwickeln seine Anwender ihren eigenen systemischen Qualitäts- beziehungsweise Management-Ansatz.

Die TQM zugrunde liegenden Ideen beschränken sich auf **fünf Unternehmensschwerpunkte** zur Qualitätsentwicklung:

- primär der (alles entscheidende) Kundenfokus, integriert in den Kontext aller am Prozess Beteiligten;
- die Mitarbeiter als wichtigster Faktor in der Wertschöpfungskette;
- der kontinuierliche Verbesserungsprozess (KVP), der sich an »Best-Practice-Idealen« (Benchmarking) und dem »Null-Fehler-Prinzip« orientiert;
- daraus folgt zwangsläufig eine weitgehend hierarchie- und statusunabhängige Qualitätsverantwortung, die zu einer neuen Funktionsverantwortung der Mitarbeiter führt;
- die Integration sämtlicher Produktions- und Dienstleistungsabläufe zu einem Ganzen. Jeder Schritt oder Teilprozess wird in den Gesamtprozess integriert, beziffert, bewertet, analysiert und gegebenenfalls auch modifiziert.

Das Total Quality Management »besitzt« keine eigene Zertifizierung. Das ideale Instrument im TQM ist deshalb nicht die Zertifizierung, sondern die sogenannte »Selbstbewertung« nach EFQM (»European Foundation for Quality Management«). Auf der Grundlage einer differenzierten neunteiligen Matrix bewertet sich das Unternehmen (meist mithilfe eines externen Beraters) selbst und hat die Möglichkeit, sobald es in den Bereich von Excellence kommt, sich von der EFQM in Brüssel auditieren zu lassen. Dieses Verfahren ist publicityträchtig, sichert Aufmerksamkeit, stärkt die Reputation des Unternehmens sowie seine Position.

Die wesentlichen **Leitideen** des Total Quality Managements sind somit:

- Kundenorientierung
- Mitarbeiterorientierung
- Prozessorientierung
- Prävention
- kontinuierliche Verbesserung

Leichter Einstieg, Wachstum des TQM bis zur Auditierung

Die Verpflichtung auf ein TQM-Konzept lohnt sich für Anbieter im Gastgewerbe, da das System im Vergleich zur ISO-Zertifizierung einen leichteren, weniger formalen Einstieg in ein umfassendes Qualitätsmanagement ermöglicht. TQM ermöglicht es dem Unternehmen, in seinen Qualitätsmanagement-Ansprüchen langsam zu wachsen und sich später offiziell durch die EFQM auditieren zu lassen.

5.3 Kaizen

Kaizen ist ein von Taiichi Ohno entwickeltes japanisches Management-Konzept, das den ganzheitlichen Ansatz, der dem TQM zugrunde liegt, noch deutlicher veranschaulicht. Kaizen ist daher weniger als fertiges System für das Qualitätsmanagement in Hotels und Restaurants von Interesse denn als allgemeine Philosophie, die interessante Grundideen zum Thema Qualitätsmanagement umfasst.

Schrittweise Perfektionierung

Kaizen steht für eine ständige Verbesserung, in die Führungskräfte wie Mitarbeiter einbezogen werden. Gemäß der Philosophie des Kaizen weist nicht die sprunghafte Verbesserung durch Innovation, sondern die schrittweise Perfektionierung und Optimierung der bewährten Produkte den Weg zum Erfolg. Dabei wird davon ausgegangen, dass der wirtschaftliche Erfolg das Ergebnis von Produkten und Dienstleistungen ist, *die mit ausgezeichneter Qualität höchste Kundenzufriedenheit erzielen*. Aus dieser Überzeugung leitet sich die stetige Suche nach Verbesserung auf allen Ebenen eines Unternehmens als Kernfunktion des Kaizen ab.

Zu den **Grundprinzipien im Kaizen** gehören:

- die Perfektionierung des betrieblichen Vorschlagswesens
- die Investition in die Weiterbildung der Mitarbeiter
- eine mitarbeiterorientierte Führung
- eine klare Prozessorientierung
- die Einführung eines Qualitätsmanagements

Fördert die Identifikation der Mitarbeiter

Insgesamt soll Kaizen nicht nur zur Qualitätssteigerung und -sicherung, sondern auch zu einer höheren Identifikation der Mitarbeiter mit dem Unternehmen und letztlich zu einer stetigen Verbesserung der Wettbewerbsposition beitragen.

»Ewige Veränderung«

In Japan selbst wird Kaizen unabhängig von seiner im Westen verbreiteten qualitätsbezogenen Bedeutung verwendet. Kaizen ist in der japanischen Praxis vor allem die Philosophie der »ewigen Veränderung«. Das bedeutet vor allem sichtbare Veränderung, z. B. die Erweiterung der Funktionen eines Elektrogerätes oder die Umorganisation der innerbetrieblichen Hierarchie. Auf der Produktebene hängt diese Art von Kaizen eng mit der japanischen Marketing-Praxis zusammen, dem Verbraucher für einen Gebrauchsgegenstand durch leichte konstruktive Veränderungen einen erweiterten Nutzwert zu schaffen.

Die Grundlagen des Kaizen sind jedoch eng mit der Qualitätsorientierung und auch dem TQM-Gedanken verbunden:

- **Prozessorientierung:** Kaizen stellt eine Abkehr von der reinen Ergebnisorientierung hin zum Blick auf die zugrunde liegenden Prozesse dar. Prozessorientierung bedeutet in diesem Zusammenhang auch, Abläufe und Verantwortlichkeiten klar zu dokumentieren und die Prozesse laufend weiter zu verbessern.
- **Kunden-Lieferantenbeziehungen:** Kaizen unterteilt die Kunden in interne und externe Kunden. Der externe Kunde ist der Endverbraucher, also Ihr Gast, der interne Kunde ist eine andere Abteilung in Ihrem Unternehmen. Die meisten Probleme treten an diesen Schnittstellen zu den Kunden auf. Also versucht man an diesen Schnittstellen anzusetzen, um die Ziele des Kaizen (Qualitätssicherung/Qualitätssteigerung, Kundenzufriedenheit und Kostensenkung durch die Mitarbeiter) umzusetzen.
- **Total Quality Control:** Teil des Kaizen ist eine ständige Qualitätskontrolle und Qualitätssicherung, die sich auf sämtliche Produkte und Prozesse im Unternehmen bezieht und mit strengsten Qualitätsstandards arbeitet, die auch von den Zulieferern eingefordert werden.

Verbesserungsvorschläge von Mitarbeitern haben im Kaizen einen hohen Stellenwert: Die Vorschläge werden auf Nutzbarkeit geprüft und auf Wirtschaftlichkeit getestet, um sie bei positiver Beurteilung in die Unternehmensprozesse zu übernehmen. Es ergibt sich ein ständiger Zyklus von Planung, Tätigkeit, Kontrolle und Verbesserung: der **PDCA-Zyklus** (Plan - Do - Check - Act).

Es werden also sämtliche Vorgänge im Unternehmen ständig analysiert und verbessert. Wenn eine Verbesserung umgesetzt wurde, wird diese als Standard festgelegt und somit in die Prozesse des Unternehmens dauerhaft integriert. Dadurch wird der Zyklus zum **SDCA-Zyklus** (Standardize - Do - Check - Act). Erst wenn die Standardisierung vollständig abgeschlossen ist, wird eine weitere Verbesserung angestrebt.

Kaizen setzt dabei auf die **6S-Bewegungen**. Dabei handelt es sich um eine sechsstufige Vorgehensweise zur Neuplanung und Verbesserung von sauberen, sicheren und standardisierten Arbeitsplätzen:

- Seiri (Strukturieren, d.h. Aussortieren)
- Seiton (Systematisierung, d.h. Ordnung)
- Seiso (Reinigung, d.h. Sinn für Sauberkeit)
- Seiketsu (Standardisierung, d.h. Standards setzen)
- Shitsuke (Selbstdisziplin, d.h. Disziplin halten)
- Shukan (Gewöhnung)

Desweiteren gibt es die **6M-Checkliste**. Hierbei handelt es sich um die sechs wichtigsten Faktoren, die immer wieder überprüft werden müssen, um Fehler im Vorfeld zu vermeiden:

- Mensch
- Maschine/Material
- Messung
- Methode
- Milieu/Mitwelt
- Moneten (Geld)

Die 6M-Methode wurde um den wichtigen Faktor *Management* erweitert, da die Einflüsse des Managements von großer Tragweite sein können.

Alle Bewertungen und Veränderungen folgen im Kaizen der **7W-Checkliste**:

- Was – ist zu tun?
- Wer – macht es?
- Warum – macht er es?
- Wie – wird es gemacht?
- Wann – wird es gemacht?
- Wo – soll es getan werden?
- Wieso – wird es nicht anders gemacht?

Letztlich ist noch die **3Mu-Checkliste** im Kaizen von großer Bedeutung. Die 3Mu beziehen sich auf die Prozessfaktoren, die als negativ gelten und die deshalb zu vermeiden sind:

- Muda (Verschwendung, siehe nachfolgend die 7 Verschwendungsarten)
- Muri (Überlastung der Mitarbeiter und Maschinen)
- Mura (Unregelmäßigkeit der Prozesse)

Verschwendung äußert sich nach Kaizen durch:

- Überproduktion
- Bestände
- Transport
- Wartezeiten
- zu aufwändige Prozesse (Overprocessing)
- unnötige Bewegung
- Fehler

Inzwischen wird im Kaizen oft auch von acht Arten der Verschwendung gesprochen. Hinzu kommt dann die Verschwendung des ungenutzten **Potenzials**, speziell im Hinblick auf Mitarbeiter.

Kaizen verfolgt unterschiedliche Ziele: Natürlich wird versucht, den Gewinn des Unternehmens zu optimieren. Dies ist aber laut Kaizen-Philosophie nur bei hoher Kundenzufriedenheit möglich, da die Neukundengewinnung teurer ist als Kundenbindung.

Die Befürworter der Kaizen-Methode gehen davon aus, dass der gegenwärtige Zustand *immer* verbesserungsfähig ist und man ständig an ihm arbeiten muss, um ihn zu verbessern.

Die Kaizen-Philosophie plädiert leidenschaftlich für eine stärkere Einbindung aller Bereiche eines Unternehmens im stetigen Bemühen, ein besseres Arbeitsumfeld für alle Beteiligten durch Prozessverbesserungen zu schaffen, die wiederum für die beste Qualität der Produkte garantieren sollen.

Aufgabe

Zwar wurden die Ideen, die hinter der Kaizen-Philosophie stecken, nur skizzenartig umrissen. Lassen Sie sich trotzdem davon inspirieren und gehen Sie die 6S, 6M, 7W und 3Mu sowie die 7 (+1) Verschwendungsarten einmal gedanklich für Ihr Unternehmen und die im Rahmen dieses Buches zusammengetragenen Qualitäts- und Servicemängel durch. Wie können Sie für Ihr Qualitätsmanagement von der Gedankenwelt des Kaizen profitieren?

5.4 Zusammenfassung: Entscheidende QM-Maßnahmen

Qualität und Qualitätsmanagement sind Grundlage für den Erfolg, garantieren ihn aber nicht! TQM und besonders Kaizen machen deutlich, dass für ein umfassendes, ganzheitliches Qualitätsmanagement mehr notwendig ist als klare Prozessdefinitionen, die Festlegung von Zuständigkeiten und regelmäßige Qualitätskontrollen.

Den Wettbewerb im Auge behalten

Gefahr besteht vor allem in schleichender Verschlechterung, aber auch dann, wenn zwar die Servicequalität im eigenen Unternehmen gleich bleibt, die Konkurrenz jedoch die Qualität anhebt. Dann stimmt aus Sicht des Gastes die erbrachte Qualität nicht mehr mit den Erwartungen überein.

Daher ist es wichtig, eine Kultur im Unternehmen zu etablieren, die die Zufriedenheit des Gastes und die exzellente Servicequalität als entscheidende Erfolgskriterien begreift.

Wie nah Sie (und Ihre Wettbewerber) diesem Ziel bereits sind, kann nur eine Eigenbewertung ermitteln. Insgesamt aber ergeben sich daraus für eine kontinuierliche, erfolgreiche Qualitätsorientierung einige grundlegende Maßnahmen, die sich in der einen oder anderen Form in jedem erfolgreichen, auf Servicequalität bedachten gastgewerblichen Betrieb wiederfinden.

Qualifizierung des Managements

Um »on top« zu bleiben, reicht es nicht aus, wenn nur die Mitarbeiter geschult werden, die direkten Kontakt mit dem Gast haben. Auch die Führungsebene muss sich aktiv weiterbilden, um das Angebot optimal an neue Trends und veränderte Gästeerwartungen anpassen zu können, Innovationen einfließen zu lassen und moderne QS-Maßnahmen zu etablieren.

Wird die Qualifizierung des Managements vernachlässigt, dann kann die Qualitätsorientierung gar nicht erfolgreich durch die Mitarbeiter umgesetzt werden, da häufig grundlegende Versäumnisse vorhanden sind (vgl. auch Gap-Modell, Kapitel 3.3).

Verständnis-orientierung

Gegenstand der Qualifizierung des Managements sind daher nicht nur QS/QM-Methoden und moderne Managementwerkzeuge, sondern auch das Verständnis für die Belange und Interessen der Gäste.

Qualifizierung des Personals

Mitarbeiter können nur dann den Wünschen der Gäste perfekt entsprechen, wenn sie entsprechend geschult sind und die Befähigung haben, die Aufgaben korrekt zu bearbeiten. Gerade im Gastgewerbe wird jedoch häufig mit Aushilfskräften gearbeitet, die zudem nur geringe Stundenlöhne erhalten. Solche Szenarien sind prädestiniert für das Auftreten von Qualitätsmängeln, da hier vielfach bereits im Vorfeld Qualifizierungs- und Motivationsmängel vorhanden sind.

Zur Qualifizierung Ihrer Mitarbeiter können Sie durch verschiedene Trainings- und Schulungsmaßnahmen beitragen. Auch Rückstellmuster, Referenzfotos und viele andere Hilfsmittel können dafür sorgen, den Wissensstand der Mitarbeiter bezüglich der erwarteten Qualität zu steigern.

Festlegung von Verantwortlichkeiten und Prozessen

Qualität durch Übertragung von Verantwortung

Ein entscheidender Faktor besteht natürlich darin, dass Ihre Mitarbeiter zu jeder Zeit genau wissen, was von ihnen erwartet wird, was zu tun ist, wie es zu tun ist und wo ihre Verantwortung beginnt und endet. Im vorangegangenen Kapitel haben Sie im Rahmen der D7-Werkzeuge verschiedene Möglichkeiten kennen gelernt, Prozesse zu analysieren, zu strukturieren und zu dokumentieren.

Gerade der Dokumentation kommt eine wichtige Rolle zu, zugleich aber ist auch Flexibilität gefordert. Viele Top-Hotels geben ihren (natürlich exzellent geschulten) Mitarbeitern einen eigenen Verantwortungs- und Budgetrahmen, in dessen Rahmen sie eigenverantwortlich und ohne separate Rücksprache mit dem Management kurzfristige Problemlösungen für Kundenbeschwerden und besondere Gästewünsche umsetzen können.

Ihr Erfolgspotenzial

Die Betonung der Eigenverantwortlichkeit ist ein wichtiges Prinzip des Qualitätsmanagements: Nur dort, wo die Vorgaben klar sind und Verantwortung nicht ohne Weiteres auf andere abgeschoben wird, kann sich eine Qualitätskultur entwickeln.

Reporting

Dokumentieren und berichten

Wichtig ist aber auch, dass alle Mängel, alle Ideen für Verbesserungen und alle qualitätsrelevanten Vorkommnisse dokumentiert und gegenüber der verantwortlichen Stelle und dem Management berichtet werden. In viele Restaurants und Hotels sind Reporting und Berichtswesen unterentwickelt – was zum Teil einen verheerenden Eindruck bei den Gästen hinterlässt, wenn beim Personalwechsel beispielsweise auch das Wissen um die monierte defekte WC-Spülung in den Feierabend gegangen ist.

Reporting ist daher bei der Übergabe der Schicht notwendig, aber auch gegenüber dem Management, um ein gezieltes Controlling betreiben zu können und beispielsweise zu analysieren, welche Mängel besonders häufig auftreten oder welche Mängelarten welche Folgekosten verursachen.

Internes Marketing

QM-Ansatz gegenüber Mitarbeitern klar kommunizieren

Qualitätsmanagement-Systeme und Qualitätssicherungsinitiativen werden häufig von den Mitarbeitern als indirekte Kritik an ihrer Arbeit verstanden, wenn Hintergrund und Zielsetzung nicht ausreichend kommuniziert werden. Daher ist es wichtig, alle Beteiligten nicht nur zu Qualität zu verpflichten, sondern auch zu verdeutlichen, dass die Servicequalität ein entscheidender Faktor im Rahmen der Wettbewerbsfähigkeit ist und die Zufriedenheit der Gäste mit darüber bestimmt, wie sicher die Arbeitsplätze der Mitarbeiter sind.

Benchmarking

Qualitätsmanagement bedeutet wie gezeigt auch, sich laufend zu verbessern. Um jedoch beurteilen zu können, ob Maßnahmen zu einer Verbesserung beitragen und wie die eigene Position in Relation zu den Wettbewerbern ist, sollten QM-Maßnahmen durch ein Benchmarking unterstützt werden.

Benchmarking ist ein wiederholt eingesetzter Prozess, um die eigenen Produkte, Dienstleistungen und Arbeitsprozesse im Vergleich zu denen anderer (gegebenenfalls auch branchenfremder) Unternehmen zu beurteilen und zu verbessern.

Zielgröße Nr. 1: Kundenzufriedenheit

Benchmarks, Prüfsysteme und Kontrollinstanzen dürfen jedoch nicht darüber hinwegtäuschen, dass Qualität in Hotellerie und Gastronomie in Teilen sehr subjektiv ist. Der Gast entscheidet am Schluss, ob der Service seinen Erwartungen entsprochen hat, ob er Mängel entdeckt hat oder mit der Qualität unzufrieden war.

Entscheidend ist daher für alle Beteiligten am Ende des Tages die Zufriedenheit der Gäste. Das qualitativ einwandfreie Essen, das nicht den Geschmack des Gastes findet, ist ebenso unerwünscht wie ein mangelhaft erfüllter Gästewunsch. Vorgaben, Standards und Regeln sind daher zwar wichtig, aber nicht ausreichend. Dies müssen QM-Systeme im Dienstleistungsbereich berücksichtigen und die Kundenzufriedenheit zum obersten Ziel erheben.

Qualität im Dienstleistungssektor kann daher nur sichergestellt werden, wenn alle daran arbeiten – und dabei am gleichen Strang in die gleiche Richtung ziehen. Dazu sind klare Vorgaben notwendig, aber auch eine Philosophie, die sich an Prozessen ausrichtet.

Prozesse optimieren, Fehlerquellen ausschalten

Hieß es früher entschuldigend: »Menschen machen Fehler«, so lautet die Devise bei qualitätsorientierten Unternehmen heute: »Schlechte Prozesse provozieren Fehler – wir müssen alles daran setzen, um die Prozesse optimal zu gestalten und so mögliche Fehlerquellen frühzeitig auszuschalten!«

Viele Hotels und Restaurants werben mit Qualität – aber nur solche Unternehmen, die dieses Versprechen auch einlösen, haben die Chance, durch exzellente Servicequalität einen echten Wettbewerbsvorteil aufzubauen und in erheblichem Maße von Mundpropaganda zu profitieren.

Literaturverzeichnis

Baumbach, Ina: Was erwartet der Gast von morgen?, Redline Wirtschaft, 2007

Brassard, Michael; Ritter, Diane: The Memory Jogger II – A Pocket Guide of Tools for Continuous Improvement and Efficient Planning, 1994

Bruhn, Manfred; Stauss, Bernd: Dienstleistungsqualität, 3. Auflage, Gabler, 2000

Bruhn, Manfred: Qualitätsmanagement für Dienstleistungen – Grundlagen, Konzepte, Methoden, 6. Auflage, Springer, 2006

Cerwinka, Gabriele; Schranz, Gabriele: Wie kommuniziere ich souverän mit Gästen?, Redline Wirtschaft, 2007

Hoeth, Ulrike; Schwarz, Wolfgang: Qualitätstechniken für die Dienstleistung – Die D7, 2. Auflage, Hanser, 2002

Holman, Philip; Snee, Derek: The Improving Efficiency Pocketbook, Management Pocketbooks, 2002

Mitchell, Anthony: The Quality Pocketbook, Management Pocketbooks, 1997

Newby, Tony: The Customer Service Pocketbook, Management Pocketbooks, 1995

Preißner, Andreas: Kundencontrolling – Erfolgreiche Steuerung der Kundenbeziehung, Hanser, 2003

Stolpmann, Markus; Schoolmann, Gerhard: Wie verkaufe ich dem Gast mehr?, Redline Wirtschaft, 2007

Stolpmann, Markus: Wie positionieren wir uns wirkungsvoll?, Redline Wirtschaft, 2007

Theden, Philipp; Colsman, Hubertus: Qualitätstechniken – Werkzeuge zur Problemlösung und ständigen Verbesserung, 3. Auflage, Hanser, 2002

Warweitzki, Hartmut: Gute Wirte brauchen keine ISO, in: Fachmagazin »Gastronomie«, Ausgabe Nr. 4/2001

Stichwortverzeichnis